Éthique, politique, religions

Actes des journées d'études « Levinas, l'éthique et la philosophie du soin : rencontre ou malentendu ? » (Université de Lyon 3 – Chaire Valeurs du soin, en partenariat avec l'Université de Rennes 1, le 2 février 2018) et « Emmanuel Levinas et la relation aux soins » (Université de Fribourg le 22 avril 2016)

2019 – 1, n° 14

Éthique, politique, religions

Levinas et le soin

Revue semestrielle éditée par l'Institut
de recherches philosophiques de Lyon (IRPhiL)

Numéro coordonné par Jean-Philippe Pierron,
Bernard N. Schumacher et Agata Zielinski

PARIS
CLASSIQUES GARNIER
2019

ISBN 978-2-406-09898-0
ISSN 2265-0156

SOMMAIRE

INTRODUCTION

La pensée d'Emmanuel Levinas a connu une réception singulière et considérable dans le monde du soin. Réception singulière tant le style du philosophe, sa langue et les métaphores qu'il convoque et utilise ont contribué à réveiller le langage soignant ou à surligner l'importance de thèmes préexistants dans ce qu'il est convenu d'appeler la culture soignante. Singulière également car le caractère de cette éthique dénonce, sinon interdit, les approches instrumentales de l'éthique qui voudraient en faire un outil d'aide à la décision, mais interroge, ce faisant, comment mobiliser une telle éthique, en plus de sa fonction critique. Réception considérable également car cette proposition éthique est arrivée au moment même où on annonçait dans le domaine de l'éthique une « ère du vide » en même temps que la fin de la morale. Elle venait soutenir les catégories éthiques des soignants alors que la médecine en ses prouesses, paraissait faire triompher la rationalité des moyens dans un glorieux « tout est possible ». Sans doute les mots d'éthique, de visage, de vocation médicale de l'homme, de caresse, d'asymétrie, de responsabilité… qui investissent le style et le dire du philosophe ont-ils pu encourager cette réception, tant ils sont susceptibles de résonner avec la pratique soignante.

De fait, dans ce qui constitue aujourd'hui l'éthique médicale, francophone notamment, à côté de la bioéthique médicale normative (référée par exemple à l'éthique médicale des principes), et à côté des effets de l'éthique utilitariste ou des approches conséquentialistes éminemment présentes au niveau des enjeux institutionnels et économiques de la santé, la petite musique levinasienne trace une voie singulière. D'un côté, Levinas et le soin semblent relever d'un appariement qui est une évidence. Le monde du soin offre une figure concrète à cette vulnérabilité qui oblige à laquelle le philosophe nous a rendu sensible. L'un et l'autre se renforcent mutuellement, le second théorisant et épelant les assises des premières qui les mettent en œuvre. De l'autre, il est un malentendu tant la spéculation du philosophe a pu paraître *n'*être *qu'*une spéculation de philosophe, sans prise concrète et opérationnelle avec les questions ordinaires qui habitent le monde soignant. Avec Ricœur, Levinas est ainsi très mobilisé dans les milieux soignants. Certains ont déjà commenté ce rapprochement, relevant l'absence de textes de Levinas concernant directement la pratique du soin[1]. Certes, Levinas n'a jamais prétendu proposer une contribution d'éthique médicale à proprement parler. Mais ses déclarations laissent entendre malgré tout qu'à ses yeux, la relation entre soignant et patient constitue un cas exemplaire de ce qu'il entend par relation éthique. Interrogé par l'éthicien français Emmanuel Hirsch, Levinas dit en effet : « Dans la souffrance il y a un cri et un soupir, une plainte. C'est la première prière. C'est l'origine de la prière : la première parole adressée à l'absent. Le médecin est celui qui entend ces plaintes. Par conséquent, dans ce secours à l'autre, à ce premier appel à l'autre, la première réponse est peut-être une réponse de médecin. Vocation médicale de l'homme[2] ».

Nous voudrions ici tenter d'interroger les raisons profondes de cette appropriation soignante de Levinas. Les questions suivantes sont autant de pistes pour explorer et éclairer cet intérêt. La référence à Levinas, si elle n'est pas révérence, ne se fait-elle pas sur un malentendu, dont le mot éthique est peut-être le concentré ? L'éthique entendue comme philosophie première peut-t-elle se réduire sans pertes à une éthique appliquée ? Et peut-on avec Levinas déployer l'éthique comme une méthode pour la relation de soin ? Enfin, Levinas peut-il aider à se déprendre de l'éthique parfois réduite à une technique de décision, à une science de l'action dont l'éthicien serait aujourd'hui la figure ? Et si malentendu il y a, n'est-ce pas sur fond d'un paradoxe : l'engouement pour certains thèmes levinassiens cohabite avec le reproche fait à Levinas d'être trop abstrait, ou encore de proposer une visée inaccessible, une morale purement formelle. Entre éthique pratique et méta-éthique, que peut faire la pensée de Levinas à l'éthique au lit du patient ? Par ailleurs, en mettant au cœur de ses réflexions l'expérience de la vulnérabilité

---

1 *Cf.* Nathalie Maillard, « Emmanuel Levinas et l'éthique médicale. De la relation à l'Autre au rapport de soin », *Éthique & Santé*, 2004, n° 1, p. 100-106. Corine Pelluchon, « Levinas et l'éthique médicale », *Cahiers d'Études Levinassiennes*, 2010, n° 9.

2 Emmanuel Levinas, « Entretien avec Emmanuel Hirsch », dans Emmanuel Hirsch, *Médecine et éthique. Le devoir d'humanité*, Paris, Cerf, 1990, p. 43.

d'autrui, Levinas offre une perspective sur la relation de soins qui amène à interroger certaines orientations prises par l'éthique médicale actuelle. La relation de soins peut-elle véritablement se penser sur le modèle du rapport contractuel entre deux sujets autonomes au nom du principe d'autonomie du sujet ? Ne se fonde-t-elle pas plutôt sur une double passivité, passivité du patient face à la maladie, passivité du soignant face à la souffrance de l'autre ? Avant d'être une éthique du respect de l'autonomie, l'éthique médicale n'apparaît-elle pas dès lors comme une éthique de la responsabilité ? Reste à savoir, bien sûr, jusqu'où peut s'étendre cette responsabilité pour autrui, face à l'exigence contemporaine de productivité à tout prix et dans un contexte toujours plus contraignant pour les soignants.

C'est avec ces questions que nous avons donné la parole à des lecteurs de Levinas : certains ont rencontré la pensée Levinas à partir de leur pratique clinique, d'autres ont interrogé le soin ou la réflexion éthique à l'aune de l'œuvre de Levinas – la pratique interrogeant la lecture, et la lecture déployant la pratique. Deux mouvements se dégagent principalement de ce parcours. D'une part, la philosophie de Levinas aide à penser la relation de soin autrement que sur le mode de la norme ou du protocole, permettant sans doute ainsi aux soignants de retrouver l'essentiel du soin, dont on entend beaucoup dire que le manque de temps en vient à le voler : la relation elle-même. Là où les normes hospitalières, la tarification à l'activité viennent encadrer, voire empêcher la relation d'humain à humain, dans un effet de « totalité » englobante, les notions de « visage », d'« infini » de l'autre viennent rouvrir les possibles ou relancer le désir d'un soin qui soit rencontre.

D'autre part, la référence à Levinas permet de pousser le soin à ses limites : celles de la passivité et de la liberté, celles de la corporéité exposée, celles de la souffrance et de la mort. C'est l'existence tout entière qui se révèle à partir du soin. Ces occurrences permettent de ne pas réduire le soin à ses dimensions techniques, en le replaçant dans la perspective de la finitude humaine – une finitude qui rend créatif. C'est peut-être cet aspect que viennent chercher chez Levinas ses lecteurs soignants : retrouver une attention et une créativité relationnelles ; oser envisager le patient du point de vue de son existence, et non uniquement de sa pathologie.

On ne demande donc pas à Levinas d'être, ni même de fonder une éthique appliquée. Mais les grands traits de sa pensée peuvent venir irriguer et déplacer la réflexion éthique, et, partant, la pratique clinique vers sa dimension existentielle. Quant à la part réputée abstraite ou formelle des écrits de Levinas, elle invite à ne pas enfouir la rude complexité de l'humaine condition, jusqu'en ses violences et ses contradictions. Levinas permet de ré-enraciner le soin dans l'existence et dans la complexité.

À partir de la lecture de Levinas, le soin redevient le champ existentiel complexe de la relation. La lecture de Levinas serait ainsi elle-même thérapeutique, permettant de retrouver une vitalité là où les modalités de la tâche clinique viennent épuiser la relation.

On verra donc comment penser le soin avec Levinas, et combien la pensée de Levinas ouvre le champ d'une éthique de la relation qui ne se laisse réduire à aucune normativité, en interrogeant le croisement de la souffrance et de la confiance (Benaroyo), en explorant les limites de la réciprocité (Zielinski), en déployant une tournure originale du souci pour autrui, un « soin d'avant le soin » (Pierron). Les positionnements respectifs du soignant et du patient dans le milieu hospitalier se caractérisent par une différence radicale du point de vue du savoir, du savoir-faire et du pouvoir. Plusieurs philosophes ont tenté des approches en vue de rétablir un semblant d'égalité dans le rapport soignant-patient, ou au moins d'éviter une prise de pouvoir du premier sur le second. Levinas repense véritablement cette asymétrie de la relation médicale soignant-patient d'une manière originale : pour lui, l'asymétrie originelle de la relation est renversée. C'est en effet le patient qui détient un « pouvoir moral » sur le soignant. Avec sa conception de la responsabilité, Levinas pense en effet l'« autorité désarmée mais impérative[3] » du patient sur le soignant.

Ce que la pensée de Levinas fait au soin ne s'achève pas dans une éthique bien-pensante ; elle conduit le soin au-delà de lui-même, en interrogeant la passivité de la liberté comme réponse à l'être souffrant (Meyer), soulignant le lien entre la souffrance propre et la souffrance d'autrui (Dubost), en développant la passivité du sujet face à la mort, comme révélation anthropologique (Schumacher), ou encore comme une ouverture sans cesse renouvelée qu'aucun protocole ne viendra épuiser – ce que nous rappelle l'éthique de la caresse (Dupuis).

On verra des métiers de la santé s'exposer à l'âpreté des textes de Levinas et s'en trouver déplacés, en tenant à la fois la familiarité et

3 Emmanuel Levinas, Préface à *Hors Sujet*, Montpellier, Fata Morgana, 1987, p. 12.

l'irréductible distance entre Levinas et le monde du soin (Svandra), en questionnant la responsabilité éthique jusque dans le champ hospitalier institutionnel (Duperret). La responsabilité envers le patient se trouve au cœur de l'éthique levinasienne qui apparaît dans le cadre de la réflexion médicale comme une réponse puissante à l'éthique dominante de l'autonomie et rend possible une thématisation, inédite jusque-là, dans la philosophie, de la vulnérabilité humaine. Cette éthique est encore aujourd'hui séduisante, puisqu'elle permet de rendre justice à la vocation et à la motivation première de tout soignant, trop souvent sous-évaluée par l'éthique de l'autonomie – tout simplement, le souci de l'autre, l'inquiétude pour la vie humaine. C'est cette inquiétude qui transparaît de manière aussi indiscutable que paradigmatique dans le rapport au nouveau-né. Comme le disait le philosophe allemand Hans Jonas : « Sa simple respiration adresse un "on doit" irréfutable à l'entourage, à savoir : qu'on s'occupe de lui[4] ». Avant d'être une responsabilité *devant* (la loi, Dieu, le Surmoi), c'est une responsabilité *pour* (un autre) qui anime primairement le soignant. En d'autres termes, c'est le visage de l'autre – qu'il ne faut pas réduire à l'espace compris entre le front et le menton, car même une nuque peut être un visage au sens de Levinas – qui est le fondement et la condition de possibilité de la responsabilité du soignant. Dans un exercice rare, des cliniciens, de formation infirmière ou médicale, se sont risqués dans ce dossier à relire Levinas au risque de leur pratique. Si l'exégète académique pourra s'inquiéter du caractère périlleux de l'entreprise, le lecteur trouvera dans cet exercice une manière non pas de « crash test » mais un essai qui féconde l'œuvre du philosophe d'une lecture chargée du poids du difficile et du douloureux de la pratique soignante. Si les soignants n'ont pas attendu les philosophes pour s'intéresser à l'éthique, et si l'éthique philosophique vient toujours en second, elle se trouve lestée par cette confrontation aux questions d'éthique concrète. Ces dernières ne sont pas de simples illustrations de théories philosophiques, mais une vérification, voire un ensemble de variations phénoménologiques sur le thème de l'exposition à autrui.

L'apport philosophique de Levinas est notamment l'idée d'une reconnaissance de la passivité (ou absence de contrôle) essentielle de certaines

4 Hans Jonas, *Le Principe responsabilité* (1979), traduit par Jean Greisch, Paris, Champs Flammarion, 1990, 2013, p. 251.

dimensions de la vie humaine : la mort insaisissable, la souffrance inutile, la responsabilité jamais assumée niant la liberté du sujet, la présence déroutante d'une personne qui ne communique pas. Or cette reconnaissance de la passivité est doublée, chez Levinas, d'une réflexion qui lui donne un sens. Ce sens se trouve toujours dans la relation. Relation rendue possible par la fin de l'héroïsme du sujet dans le rapport à la mort et dans la souffrance, relation de celui qui est responsable à celui pour qui il s'inquiète, relation rendue toujours possible par l'expérience de la proximité à autrui, en dépit de l'absence apparente de réponses.

Dans la suite de la journée « Levinas, l'éthique et la philosophie du soin : rencontre ou malentendu ? » (qui s'est tenue à l'Université de Lyon 3, en partenariat avec l'université de Rennes 1, le 2 février 2018) et de la journée « Emmanuel Levinas et la relation aux soins » (à l'Université de Fribourg (Suisse), le 22 avril 2016), nous espérons que ces textes donneront aux soignants et aux lecteurs de Levinas le goût de poursuivre la réflexion et les échanges, appelés à inventer des réponses que rien n'épuise.

Jean-Philippe PIERRON
Université Jean Moulin – Lyon 3

Bernard N. SCHUMACHER
Université de Fribourg, Suisse

Agata ZIELINSKI
Université de Rennes 1

PERTINENCE ET LIMITES DE LA PENSÉE D'EMMANUEL LEVINAS EN ÉTHIQUE MÉDICALE

La figure de l'éthique médicale contemporaine est dominée par sa tendance à suivre les contours des normes morales élaborées par la bioéthique autour des années 1970. Plongeant ses racines dans un cadre normatif éthico-légal, cette nouvelle discipline a vu le jour dans le contexte de dérives de l'expérimentation sur l'être humain. Ce développement qui visait à assurer la protection des personnes participant à des projets de recherche dans le champ de la biomédecine[1], n'a cependant pas été sans soulever d'importantes difficultés lors de son extension au champ de la pratique médicale[2].

En proposant, dans le contexte du primat de la protection de la dignité de la personne, une éthique de responsabilité basée sur l'application à la pratique médicale du respect des principes d'autonomie, de non-malfaisance, de bienfaisance et de justice, la bioéthique a fragilisé la visée éthique cardinale qui a traditionnellement guidé la profession dans le cadre de l'éthique hippocratique : aider le malade exposé à sa vulnérabilité à restaurer au sein d'une relation de confiance son autonomie altérée par la maladie, et à retrouver ainsi un nouvel état de santé.

Les réflexions du philosophe Paul Ricœur, qui ont inspiré de nombreux travaux depuis la publication en 1990 de son article séminal intitulé « Les trois niveaux du jugement médical[3] », ont permis de mettre en

1 Tom Beauchamp, James Childress, *Principles of Biomedical Ethics*, New York, Oxford University Press, 2001 [1979, 1983, 1989, 1994].

2 Warren T. Reich, "A New Era for Bioethics : The Search for Meaning in Moral Experience", in : Verhey A., (ed.) *Religion and Medical Ethics. Looking Back, Looking Forward*, Cambridge, U.K., William B. Eerdmans Publishing Company, 1996, p. 96-119.

3 Paul Ricœur, « Les trois niveaux du jugement médical ». *Esprit*, n° 227, 1996, p. 21-33 ; Ricœur P., *Le Mal. Un défi à la philosophie et à la théologie*. Genève, Labor et Fides, 1996, p. 15-16.

lumière les limites du modèle bioéthique en le confrontant aux enjeux éthiques propres à l'exercice du jugement médical.

Comme on le sait, Ricœur a proposé, dans le cadre d'une réactualisation de l'éthique aristotélicienne, trois moment dans la construction du jugement prudentiel : le *moment téléologique* qui précise la nature de la visée éthique, notamment la restauration du pouvoir-être du malade dans le cadre d'un pacte de soin basé sur la confiance ; le *moment déontologique*, qui contient l'ensemble des préceptes qui règlent la bonne conduite de l'intervention médicale – telle l'exigence du consentement éclairé et l'exigence d'équité dans la distribution des soins – ; et enfin le moment de la sagesse pratique proprement dite – ou *moment prudentiel* – qui s'achève, au terme d'une délibération à plusieurs au sein d'une « cellule de bon conseil », en l'élaboration d'une décision médicale circonstanciée et individualisée. De manière générale, l'objectif est, pour Ricœur, d'introduire au cœur de tout acte médical une réflexion éthique qui devrait être élaborée par les principaux acteurs responsables de l'acte de soin.

L'analyse de Ricœur permet de dégager ainsi les diverses strates constitutives de l'acte de soin et de clarifier le statut moral du registre bioéthique, en l'interprétant comme étant le moment « déontologique », certes incontournable au plan social et politique, mais ne pouvant rendre compte à lui seul de la complexité des enjeux éthiques de la relation clinique. Les réflexions de Ricœur ont notamment mis en évidence l'importance d'être attentif, en tant que soignant, à l'une des strates de la relation de soin qui devrait être considérée comme le moment fondateur de l'élaboration du jugement clinique, qu'il nomme le moment « téléologique ». Ce dernier, se situant dans le registre dialogique et interpersonnel, est premier à ses yeux : lors de ce moment, le soignant ne peut manquer d'être interpelé par l'altérité du malade, dont le dénuement et la souffrance constituent un appel à l'aide mobilisant une sollicitude médicale sans laquelle le principe d'autonomie s'avérerait dénué de tout point d'appui authentique.

Comment accéder à cet espace du soin, sans lequel l'ensemble de l'édifice ne pourrait prendre sens ?

Nous souhaitons montrer dans le cadre de cette réflexion, l'importance de faire appel – en complément aux réflexions fondamentales menées par Paul Ricœur – aux ressources éthiques de la pensée d'Emmanuel Levinas – notamment son approche de la vulnérabilité et de la responsabilité –, qui nous semble être une source d'inspiration profonde pour aborder cet enjeu, dans la mesure où elle ouvre l'horizon d'un fonds commun d'humanité, source de confiance, animant les liens intimes unissant éthique et médecine.

L'exploration que nous allons mener, en prenant garde de ne pas trahir la pensée de Levinas, nous permettra d'enrichir notre compréhension de l'acte de soin et de donner par ce geste un statut éthique au soin dans l'agir médical. Les horizons normatifs propres à la clinique ainsi explorés devraient pouvoir nous donner accès à l'élaboration d'une figure de la responsabilité éthique propre au geste soignant.

LE FACE-À-FACE ET L'ÉTHIQUE

La conception levinassienne de la responsabilité nous apparaît en effet être une source vive qui permet de jeter les bases d'une attention particulière à la vulnérabilité du patient et investir dans le même mouvement le soignant d'une responsabilité inaliénable dont il n'a pas l'initiative. C'est le « visage » et la parole de cet autrui qui font prendre à ce dernier conscience que la première règle éthique « tu ne tueras pas » signifie aussi « tu feras tout pour que l'autre vive ». Arrêtons-nous un instant sur le sens que prend le mot « visage » chez Levinas.

Comme nous l'avons déjà évoqué ailleurs[4], le mot visage, du latin *vis, visus*, tout comme le terme allemand *Gesicht* (qui dérive de *sehen*), désigne ce qu'on présente à la vue d'autrui, ce qui est vu, en un mot, le visible. Selon Levinas, l'approche plastique habituelle du visage paradoxalement « manque le visage », car elle le réifie, elle le transforme en objet, empêchant par là tout accès à la différence, à l'altérité. L'approche plastique est, selon lui, totalisante et déshumanisante, elle ouvre la voie à la banalité du mal. « La meilleure manière de rencontrer autrui, c'est de ne pas même remarquer la couleur de ses yeux ! » écrit-il dans un entretien donné en 1979 à Philippe Nemo[5].

---

4 Lazare Benaroyo, « Le visage au-delà de l'apparence. Levinas et l'autre rive de l'éthique », *Lo Sguardo*, 2016, 20 (1), p. 217-223.

5 Emmanuel Levinas, *Éthique et infini. Dialogues avec Philippe Nemo*, Paris, Librairie Arthème Fayard et Radio France, 1982, p. 89.

Comment comprendre cette pensée en apparence paradoxale ?

Pour Levinas, le visage est à la fois phénomène et non-phénomène, d'où le paradoxe de la rencontre avec autrui. Le face-à-face fait apparaître à la fois le visage au sens du *visus*, soit une partie du corps qui a des caractéristiques physiques, mais, au-delà de l'apparence, le visage est aussi pour Levinas une extériorité, ce qui signifie qu'il se situe hors de la catégorie qui détermine la relation sujet-objet. En ce sens, le visage n'est pas seulement une partie anatomique et physiologique d'un corps comme tel, il n'est pas la somme des yeux, du nez et de la bouche. Il peut très bien être perçu comme tel en toute autre partie du corps[6]. Il n'est ni « chose en soi », ni dévoilement, il ne s'identifie pas seulement à la figure visible, mais il est « présence vivante » pour reprendre une expression qui est chère à Levinas[7].

Le « visage » n'est donc pas seulement objet de représentation, mais il se présente comme infiniment autre, insaisissable à travers les catégories de la connaissance définies par la modernité des Lumières. Comme Levinas le précise dans son ouvrage *Le Temps et l'autre*[8],

> La lumière qui permet de rencontrer autre chose que soi, la fait rencontrer comme si cette chose sortait déjà de moi. La lumière, la clarté, c'est l'intelligibilité même, elle fait tout venir de moi, elle ramène toute expérience à un élément de réminiscence. La raison est seule. Et dans ce sens, la connaissance ne rencontre jamais dans le monde quelque chose de véritablement autre. C'est là la profonde vérité de l'idéalisme.

En disant cela, Levinas, se démarque de son maître Husserl, dont il suivit l'enseignement en 1928 et 1929, pour lequel autrui est conçu comme un alter-ego, connaissable par une activité constituante de la conscience. Il se distingue aussi de Heidegger, dont il avait lu *Sein und Zeit*, pour qui la relation à autrui repose sur la compréhension par le biais de la connaissance objective. En contraste, Levinas affirme qu'autrui n'est pas seulement un signe, mais qu'il est de soi signification[9]. Son

---

6 Agata Zielinski, *Lecture de Merleau-Ponty et Levinas. Le corps, le monde, l'autre*, Paris, P.U.F., 2002, p. 177.

7 Emmanuel Levinas, *Totalité et infini. Essai sur l'extériorité*, La Haye, Martinus Nijhoff, 1971, p. 37.

8 Emmanuel Levinas, *Le Temps et l'autre.* Paris, Presses Universitaires de France, 1985 [1979], p. 53.

9 Simonne Plourde, *Emmanuel Levinas. Altérité et responsabilité.* Paris, Les Éditions du Cerf, 1996, p. 30 et 43.

sens est dit et enseigné par sa présence. La présence d'autrui déborde le Moi. Expulsé de son intériorité, déposé, dérangé et perturbé dans son repos en lui-même, inquiété, le Moi est exposé à l'approche du visage d'autrui. L'un-pour-l'autre devient signification dans le cadre d'une immédiateté, sans intermédiaire. Pour Levinas, le face-à-face enjoint, il constitue le rapport premier à autrui, qui ouvre l'humanité selon sa propre expression. En ce sens, l'accès au visage est d'emblée éthique.

Ainsi, principalement dans *Totalité et infini*, l'éthique ne commence pas pour Levinas par le souci d'autrui, comme cela est le cas dans l'éthique classique exprimée dans la Règle d'Or, mais par l'abandon du souci d'affirmer sa propre autonomie. L'éthique se situe, pour lui, au-delà de l'essence ou dans l'autrement qu'être. En d'autres termes, la rencontre avec le visage d'autrui est au plan éthique la mise en question de mon pouvoir ; l'éthique consiste en l'épreuve de la déprise de soi, la mise en question de l'égoïsme du moi. Dans la mesure où pour Levinas l'approche idéelle et rationnelle de l'autre peut céder à la tentation de la totalisation, au nom de la recherche de la vérité, l'éthique est *philosophie première*, exigence de paix avant d'être exigence de vérité. C'est en ce sens que la rencontre avec le visage d'autrui « brise la totalité[10] ».

LES FIGURES DE LA RESPONSABILITÉ

Le face-à-face relève dès lors avant tout de l'écoute plutôt que de la vision, le visage parle, il est la voix, et la perception devient le modèle de la rencontre avec autrui. Ainsi, autrui est, pour Levinas, avant tout interpellation éthique. À la différence des choses, autrui n'est pas seulement un phénomène, il se présente, se manifeste, s'exprime sous l'aspect d'un visage qui ne renvoie à rien derrière lui, comme s'il était une image, pas plus qu'il n'est un masque. Il se présente comme infiniment autre, comme une « présence vivante, parce qu'il défait à tout instant la forme qu'il offre[11] ».

10 François-David Sebbah, *Levinas. Ambiguités de l'altérité*, Paris, Les Belles Lettres, 2000, p. 39.

11 Simonne Plourde, *Op. cit.*, p. 31.

La relation qui définit les rapports de la subjectivité à autrui – de la subjectivité du sujet engagé dans le monde et la chair – n'est dès lors pour Levinas pas celle d'une conscience avec son objet, mais une relation de proximité – de contact charnel – d'où jaillit l'assignation à ma responsabilité pour autrui. C'est justement la rencontre avec le visage, réfractaire à toute thématisation, qui met l'intentionnalité en défaut et opère le déplacement de la conscience à la sensibilité. Ainsi, la présence de l'autre me situe d'emblée en position de responsabilité : l'autre est celui qui échappe à ma compréhension, mais qui m'interroge de toute façon. Je ne suis dès lors pas plus ou moins responsable d'un autre en fonction de ses origines, de son pays, de sa langue, de sa culture ou de son histoire, comme le rappelle Agata Zielinski[12]. Toute altérité doit être honorée en tant que telle, et le visage ne représente justement rien d'autre que l'altérité en tant que telle.

Vivre éthiquement, c'est dès lors, vivre sans se détourner de la rencontre du visage[13]. Cela présuppose une manière d'être particulière du sujet, où ce dernier est en position de subjectivité, ce qui en termes levinassiens signifie une manière d'être où le sujet n'est plus un sujet connaissant, mais un sujet sensiblement affecté, un sujet vulnérable – c'est-à-dire ouvert à l'inconnu et à l'inconnaissable – qui ne se définit pas par lui-même mais par sa relation à l'autre, à travers l'interpellation éthique suscitée par autrui. Pour le dire autrement, à la lumière des catégories de la bioéthique contemporaine, la « fracture de mon autonomie est ma naissance en tant que sujet éthique », comme le précise Mylène Baum-Botbol[14].

Pour Levinas, cette approche de l'altérité est à même d'interrompre l'égoïsme de la conscience, et d'empêcher la raison de se transformer en violence, qu'il définit comme l'incapacité de faire place à l'autre, et d'accéder aux dimensions éthiques de sa vulnérabilité.

En somme, la rencontre du visage force le sujet à une nudité de sa conscience, une ouverture à sa propre vulnérabilité, qui fait de la passivité non pas l'envers de l'action libre et autonome, mais l'espace d'accueil d'autrui – c'est-à-dire de ce qui est inconnaissable – en soi. C'est ce

12 Agata Zielinski, *Lecture de Merleau-Ponty et Levinas. Le corps, le monde, l'autre*, Paris, PUF, 2002, p. 181-182.

13 François-David Sebbah, *Op. cit.*, p. 61.

14 Mylène Baum-Botbol, « *Après vous, Monsieur* », M. Vacquin, (éd.) *La Responsabilité*, Paris, Éditions Autrement, Collection morales, 2002, p. 54.

que résume ce passage saisissant de Levinas que l'on trouve dans son ouvrage *Humanisme de l'autre homme*[15]:

> Autrui qui se manifeste dans le visage, perce, en quelque façon sa propre essence plastique, comme un être qui ouvrirait la fenêtre où sa figure pourtant se dessinait déjà. Sa présence consiste à se dévêtir de la forme qui cependant déjà le manifestait. Sa manifestation est un surplus sur la paralysie inévitable de la manifestation. C'est cela que nous décrivons par la formule : le visage parle. La manifestation du visage est le premier discours. Parler, c'est, avant toutes choses, cette façon de venir de derrière son apparence, de derrière sa forme, une ouverture dans l'ouverture.

Cette approche a pour corollaire l'idée que la responsabilité-pour-autrui est intimement liée à la notion de temps, non pas le temps de l'existence économique qui s'étend de la naissance à la mort, mais le temps serait ouvert par la relation à l'autre. Le face-à-face, précise-t-il « serait l'accomplissement même du temps[16] ».

Ainsi, par sa puissance relationnelle, le visage fait entrer le sujet dans un dialogue humain au sein duquel la responsabilité prend la place de l'intentionnalité. Cependant, nous dit Levinas, à l'exposition du visage, « se superpose un ordre raisonnable [...] de la justice à travers le savoir[17] ». La présence d'un tiers au sein de la proximité de l'un et de l'autre est le berceau de la « con-science », précise-t-il, dont le fondement est la justice, se posant comme source d'objectivité[18]. Ainsi, l'ordre de la vérité et du savoir a un rôle à jouer dans la paix de la proximité[19]. La philosophie devient ici « une *mesure* apportée à l'infini de l'un pour l'autre, de la paix de la proximité, et comme la sagesse de l'amour[20] ». Le visage signifie dès lors l'interdit du meurtre et « le "texte" qui dit cet interdit se lit sur le visage de l'autre », comme le précise Jean-François Rey[21].

En risquant ce geste philosophique, orienté vers une profonde critique de la connaissance, du pouvoir sur autrui qui y est associé, ainsi que de la surdité à l'altérité qui l'accompagne, Levinas cherche à orienter

15 Emmanuel Levinas, *Humanisme de l'autre homme*, Paris, Fata Morgana, 1972, p. 48.

16 Emmanuel Levinas, *Le Temps et l'autre*, *op. cit.*, p. 68-69.

17 Emmanuel Levinas, « Paix et proximité », in : *Les Cahiers de La nuit surveillée*, Paris, Verdier, 1984, p. 346.

18 *Ibid.*, p. 345.

19 *Ibid.*, p. 345.

20 *Ibid.*, p. 346.

21 Jean-François Rey, *Levinas. Le passeur de justice*, Paris, Michalon, 1997, p. 25.

l'action de l'homme de la seconde moitié du XXe siècle vers un renoncement nécessaire à l'excès d'être pour soi, qui est et à longtemps été à ses yeux source de mal, d'irresponsabilité et de banalisation du mal.

Dans quelle mesure cette pensée peut-elle être pertinente pour nous aujourd'hui ?

Nous pouvons percevoir son importance dans de nombreux champs de l'action humaine, allant des relations interpersonnelles aux relations internationales. Qu'en est-il de sa pertinence dans le champ de la médecine, et plus particulièrement dans le domaine de l'éthique du soin ?

Une lecture levinassienne de la relation clinique enjoint à percevoir la responsabilité soignante comme une attention particulière portée à la « visitation » du patient, ne réduisant pas le colloque singulier à ses aspects techniques. En d'autres termes, cela signifie que l'éveil éthique du soignant pourrait consister à accepter la profonde altérité de son patient, qui s'exprime à travers son visage et à travers la vulnérabilité qui y est associée. La vulnérabilité non pas en tant que perte d'autonomie à combler dans la mesure du possible par la médecine, mais bien plus en tant qu'appel, en tant qu'injonction éthique à prendre soin de ce malade-là, en ouvrant un espace où l'avenir est possible pour lui. Cette conception de la responsabilité fait appel à une capacité d'accueil, à une hospitalité du soignant, qui mobilise sa propre vulnérabilité. C'est au cœur de ce dialogue entre deux vulnérabilités, que la confiance peut prendre naissance et se déployer dans une prise en soin singulière à même de répondre de manière responsable au noyau de la souffrance du malade.

Ainsi, pour Levinas, l'identité se noue dans son rapport étroit avec la responsabilité. L'irresponsabilité est tout autant une perte d'identité qu'un manquement moral. Il est même possible de faire un pas de plus et de dire que c'est la responsabilité qui fonde l'identité[22]. « Plus je suis responsable, plus je suis moi, au point d'exister à l'accusatif : Me voici » pour reprendre les termes de Levinas. En somme être moi, ce n'est pas commencer par un « je » mais par l'accusatif « me ». Nous ne sommes pas ici dans une logique d'imputation : au contraire, ma responsabilité incessible précède dès lors toute liberté. D'où la séquence : responsabilité, identité, liberté. L'irresponsabilité c'est l'anonymat, attestant bien que nous nous trouvons plongés avec Levinas dans une philosophie de la non-indifférence : « Tu ne tueras pas » [...] mais aussi « Accueille

22 *Ibid.*, p. 36.

l'étranger[23] » souligne Jean-François Rey. Une figure qui au-delà de son caractère utopique devrait constituer pour Levinas un ordre de priorité autour de l'idée qu'être éthique, c'est être le gardien de son frère.

Cette approche de la responsabilité éthique nous semble ouvrir la voie d'une réflexion approfondie sur la confiance en tant que ferment de la relation de soin. Arrêtons-nous un moment sur ce point.

SOIN, CONFIANCE ET DISPONIBILITÉ

Pour un malade, faire confiance c'est se placer dans un état de dépendance et d'espérance à l'égard d'un soignant[24]. C'est accepter d'être vulnérable et admettre que la personne à laquelle la confiance est accordée peut faire appel à son savoir et à son pouvoir pour notre propre bien ; c'est aussi croire en la parole du soignant et espérer que les pouvoirs qui lui sont conférés ne seront pas exercés à notre propre insu[25]. « Faire confiance, écrit Annette Baier, c'est risquer certains aspects de son avenir en pariant sur la loyauté de la personne à laquelle on fait confiance[26] ».

Pour le soignant, instaurer un espace de confiance consiste à manifester au malade sa présence et son intention de répondre à l'espérance placée en lui en mettant en œuvre tous les moyens possibles pour réaliser le bien de ce dernier, sans exercer de pouvoir à son détriment. Instaurer un climat de confiance, c'est ouvrir un espace de rencontre et de promesse qui repose sur le sentiment et l'expérience d'une humanité partagée.

Or, cet espace semble fragilisé aujourd'hui : le caractère séculier et pluraliste de la moralité contemporaine, sur lequel vient se greffer l'influence de l'économie libérale, peuvent exercer une influence négative sur l'instauration et le maintien d'un climat de confiance dans le cadre d'une relation clinique et mettre en péril les fondements

23 *Ibid.*, p. 31.

24 Lazare Benaroyo, « Soin, confiance et disponibilité. Les ressources éthiques de la philosophie d'Emmanuel Levinas », *Éthique et Santé*, 2004, 1, p. 60-63.

25 Annette Baier, « Confiance » in M. Canto-Sperber (éd*), Dictionnaire d'éthique et de philosophie morale*, Presses Universitaires de France, Paris, 1996, p. 284.

26 *Ibid.*, p. 287.

éthiques du projet de soin[27]. Comment dès lors instaurer, maintenir et s'assurer de la persistance d'un tel climat au sein d'une relation de soin ?

Il nous semble qu'une des conditions pour instaurer un tel espace est de redonner une signification éthique à l'asymétrie de la relation de soin ainsi qu'à l'éveil de la responsabilité éthique qui y est associée. La pensée de l'altérité d'Emmanuel Levinas, telle que nous venons de la présenter, nous paraît particulièrement féconde pour développer une réflexion sur ce thème. En effet, comme nous l'avons vu, répondre à l'appel d'autrui qui souffre – faire preuve de compassion –, et exister pour cet autre souffrant, sont deux impératifs éthiques sur lesquels repose la création d'un fonds commun d'humanité – d'un espace au sein duquel des valeurs communes peuvent être partagées et discutées dans le cadre d'un projet de soin. Ainsi, c'est en puisant dans les ressources éthiques de la conception levinassienne de la compassion qu'il nous semble possible d'aborder cette problématique.

Dans l'un de ses premiers ouvrages, *Le Temps et l'autre*, Levinas caractérise la souffrance au plan phénoménologique comme une « impossibilité de se détacher de l'instant de l'existence », comme « l'irrémissibilité même de l'être. (...) l'impossibilité de fuir et de reculer[28] ». Toute l'acuité de la souffrance, nous dit-il, est dans cet impossible recul. (...) Il y a dans la souffrance, une absence de tout refuge[29] ». La souffrance est par essence « réfractaire à la synthèse[30] », elle est « un malgré-la-conscience », « l'inassumable[31] », « étrange à toute lumière rendant impossible toute assomption de possibilité, mais où nous-mêmes sommes saisis[32] ». Cette absence d'assomption possible,

---

27 Laurence B. McCullough, « Methodological Concerns in Bioethics », *The Journal of medicine and Philosophy* 1986, 11, p. 17-37 ; Jean-Paul Pellegrino, Edmund D. Veatch, Robert M. Langan, *Ethics, Trust and the Professions. Philosophical and Cultural Aspects*, Washington DC, Georgetown University Press, 1991, p. 72-89; David J. Rothman, *Strangers at the Bedside. A History of How Law and Bioethics Transformed Medical Decision Making.* New York, Basic Books, 1991, p. 190-221 ; P. F. Camenisch, « Communities of Care, of Trust, and of Healing », in D. F. Cates and P. Lauritzen (eds.), *Medicine and the Ethics of Care*, Washington DC : Georgetown University Press 2001, p. 234-269.

28 Emmanuel Levinas, *Le Temps et l'autre, op. cit.*, p. 55-58.

29 *Ibid.*, p. 55.

30 Emmanuel Levinas, « La Souffrance inutile », *Entre nous. Essais sur le penser-à-l'autre*, Paris, Grasset, 1991, p. 107.

31 *Ibid.*

32 Emmanuel Levinas, *Le Temps et l'autre, op. cit.*, p. 58.

donne à la souffrance un caractère de « passivité », de « non-sens par excellence, vécu directement[33] ».

Pour Levinas, l'expérience de la souffrance comprend une dimension de « passivité » qu'il s'agit de comprendre au sens où le caractère de « passivité » de la souffrance ne signifie pas que cette dernière est porteuse d'inertie : si la « passivité » témoigne du caractère inconnaissable, incompréhensible de la souffrance, elle renvoie dans le même mouvement, précise-t-il, à l'altérité de notre propre corps : « seul un être arrivé à la crispation de sa solitude par la souffrance et à la relation avec la mort, relève-t-il, se place sur un terrain où la relation avec l'autre devient possible. [...] La relation avec l'avenir, c'est la relation même avec l'autre[34] ».

Le caractère de « passivité » de la souffrance est ainsi associé à l'idée de « sensibilité » – c'est-à-dire à la subjectivité du corps-sujet en tant que lieu où l'être se laisse affecter par autrui. Pour Levinas, la sensibilité devient dans la souffrance précisément « vulnérabilité » – c'est-à-dire ouverture à l'autre[35] : « Dans la souffrance, la sensibilité est vulnérabilité, écrit-il, plus passive que la réceptivité ; elle est épreuve, plus passive que l'expérience. Précisément un mal[36] ».

Ainsi, pour Levinas, le corps souffrant est-il porteur d'une ambiguïté primordiale : alors que l'expérience physique de la souffrance enchaîne le sujet à soi, la vulnérabilité atteste que le sujet est débordé hors de lui, est en situation d'ouverture à autrui[37]. La passivité de la souffrance peut alors être comprise comme une patience, comme une ouverture à l'autre – d'où une possible étymologie du mot *patient.* La patience ne traduit donc pas un manque mais une ouverture à autrui.

Il est important de noter ici que pour Levinas la « passivité », qui se mue dans la souffrance en vulnérabilité, est précisément la source de la relation éthique : dans la souffrance, l'expérience de la vulnérabilité prend valeur d'une instance éthique où se dessine l'horizon de l'inter-humain. Lové dans le face-à-face avec le visage de l'autre-souffrant, cet éveil à

---

33 Emmanuel Hirsch, « L'éthique est transcendance (entretien avec le philosophe Emmanuel Levinas) », *Médecine et éthique. Le devoir d'humanité,* Paris, Éditions du Cerf, 1990, p. 45.

34 Emmanuel Levinas, *Le Temps et l'autre, op. cit.*, p. 64.

35 Emmanuel Levinas, « La Souffrance inutile », *Entre nous. Essais sur le penser-à-l'autre,* Paris, Grasset, 1991, p. 108.

36 *Ibid.*

37 *Ibid.*, p. 110 ; Agata Zielinski, *Lecture de Merleau-Ponty et Levinas. Le corps, le monde, l'autre,* Paris, Presses Universitaires de France, 2002, p. 78.

la responsabilité-pour-autrui est, pour Levinas, le moment éthique par excellence – le cœur de la relation d'aide. Il décrit cet éveil dans un texte intitulé *La Souffrance inutile* :

> Le mal de la souffrance n'est-il pas [...] de par sa non-intégration dans l'unité d'un ordre et d'un sens, la possibilité d'une ouverture [...], un appel originel à l'aide, au secours curatif, au secours de l'autre moi dont l'altérité, dont l'extériorité promet le salut ? Ouverture originale vers le secourable où vient s'imposer – à travers une demande d'analgésie plus impérieuse, plus urgente dans le gémissement d'une demande de consolation ou d'ajournement de la mort – la catégorie anthropologique du médical, primordiale, irréductible, éthique. Pour la souffrance pure, intrinsèquement insensée et condamnée, sans issue, à elle-même, se dessine un au-delà dans l'inter-humain[38].

Pour le soignant, ces propos signifient que le moment où l'autre est accueilli, « en son étrangeté la plus extrême, où l'autre est véritablement rencontré dans sa souffrance à partir d'un fonds commun d'humanité – un fonds qui n'est jamais normé une fois pour toute », est le moment fondateur de la responsabilité soignante.

La responsabilité éthique du soignant comprend donc à la fois une réponse à l'interpellation suscitée par l'appel d'autrui entrelacée à un mouvement de retour sur soi, source d'accueil de l'autre souffrant. Face à la souffrance et à la détresse d'autrui, ce double mouvement de la responsabilité-pour-autrui se mue en *compassion*, un terme auquel Levinas fait souvent allusion sans cependant y consacrer une analyse détaillée.

C'est, nous semble-t-il, sur la base de cette approche levinassienne de la compassion – conçue comme une dialectique entre interpellation et disponibilité[39] – que peut éclore un climat de confiance ancré sur un fonds commun d'humanité.

En puisant dans les ressources de la philosophie d'Emmanuel Levinas, il apparaît donc que celle-ci peut contribuer à construire une éthique de responsabilité du soignant qui favorise l'éclosion d'une relation de confiance au coeur même du dialogue clinique singulier. La compassion fait ainsi écho aux exigences éthiques propres à la relation clinique.

---

38 Emmanuel Levinas, « La souffrance inutile », *Entre nous. Essais sur le penser-à-l'autre*, Paris, Grasset, 1991, pp 109-110.

39 La notion de disponibilité est empruntée à Catherine Charlier plutôt qu'à Emmanuel Levinas ; ce dernier parlerait plutôt d'hospitalité ; Catherine Charlier, « La souffrance d'autrui », in : *La Persévérance du mal*, Paris : Cerf, 1987, p. 127-143.

Elle est, selon Levinas, le moment éthique par excellence : éveil à la responsabilité où la disponibilité, l'accueil et l'hospitalité du soignant s'entrelacent pour répondre à l'interpellation du malade en instaurant un climat de confiance basé sur la reconnaissance d'une vulnérabilité commune, d'une fragilité « familière[40] ».

LIMITES D'UNE PENSÉE

Cette pensée humaine riche et féconde n'a cependant pas pour vocation – tel est le profond souhait de Levinas dans l'ensemble de son œuvre – de s'ériger en système servant de cadre à une théorie de la relation éthique et de fondement au jugement médical. La pertinence de cette pensée se limite à l'emprunt que nous en faisons pour explorer les dimensions éthiques de la responsabilité soignante dans son registre pré-mondain.

Or, le jugement et l'acte médical sont toujours situés et mobilisent de ce fait d'autres registres mondains, qui prennent la figure, pour Ricœur, de moment déontologique et de moment prudentiel, comme nous l'avons vu. Dans cette perspective, il nous apparaît que l'approche levinassienne de la responsabilité dans le champ du soin peut être considérée comme la source vive à partir de laquelle la pensée de Paul Ricœur trouve toute sa pertinence en contexte clinique.

Ainsi, il apparaît d'emblée que face à un homme atteint dans sa santé, le soignant a pour devoir de se mettre en quête sans tarder des ressources nécessaires pour répondre à sa souffrance en s'appuyant sur cette dialectique entre interpellation et disponibilité, – source de confiance et de dialogue nourrie par la pensée de Levinas – qui permet de donner sens au soin lors de l'odyssée à travers les divers registres déployés par Ricœur[41].

40 Emmanuel Hirsch, « L'éthique est transcendance (entretien avec le philosophe Emmanuel Levinas) », *Médecine et éthique. Le devoir d'humanité*, Paris : Cerf, 1990, p. 43 : Levinas écrit : « Je pense que la souffrance est l'enfermement même, condamnation à soi-même. Et pourtant, dans la souffrance, il y a un cri et un soupir, une plainte. [...] Le médecin est celui qui entend ces plaintes [...], cette attente médicale de l'autre constitue une des racines très profondes de la relation inter-humaine ».

41 Lazare Benaroyo, « Soin, confiance et disponibilité. Les ressources éthiques de la philosophie d'Emmanuel Levinas », *Éthique et Santé*, 2004, p. 60-63.

Cette configuration éthique de l'agir médical, puisant aux sources des travaux de ces deux éminents penseurs, met en lumière la pertinence et les limites de la pensée de Levinas dans le champ du soin. Elle nous paraît ainsi poser les jalons d'une approche qui intègre une éthique de l'attention et de la réponse à la demande d'aide du malade tout en tenant compte du contexte de soin. Cette approche nous semble constituer une posture herméneutique de veille indispensable, qui engage la responsabilité éthique du soignant au cœur même de son activité clinique.

Lazare BENAROYO
Université de Lausanne

LA VOCATION MÉDICALE DE L'HOMME

Levinas, l'éthique et la philosophie du soin

Sans être au sens strict une philosophie du *care* dans sa version nord-américaine qui en fait surtout une attention à des pratiques de soin dans une perspective « appliquée », tout en se démarquant de la sollicitude (*Sorge* ou *Fürsorge*) heideggérienne qui ne laisse pas à l'Autre faire son entrée parce qu'elle choisit l'Être, la pensée d'Emmanuel Levinas a pourtant connu une réception singulière et considérable dans le monde du soin. Sans doute que les mots d'éthique, de visage, d'asymétrie, de vocation médicale de l'homme, de caresse, d'hospitalité qui investissent le style et le dire du philosophe, et dessinent une constellation du soin, ont-ils pu encourager cette réception, tant ils sont susceptibles de résonner avec la pratique soignante, médicale ou non. Ainsi est ce presque naturellement, voire sans y penser, que l'on associe la philosophie de Levinas et celle du soin. Mais une résonance ne fait pas encore un raisonnement. Que signifie alors pour la pratique soignante engagée dans le soin médical se comprendre et comprendre son agir devant le texte de Levinas ? Comment a-t-on pu penser qu'un philosophe, qui n'était pas un spécialiste de philosophie de la médecine, encore moins d'éthique médicale au sens d'une éthique appliquée, pouvait aider à éclairer ce qui s'engage dans le monde soignant ? En désincarcérant le soin de son inscription dans la pratique médicale, en pensant la profondeur éthique de l'hospitalité en amont de toute forme d'institution hospitalière, Levinas n'a-t-il pas contribué à redonner au soin sa portée éthique et ontologique ? On doit donc s'arrêter et se demander si ce sont pour de bonnes raisons ou sur le malentendu d'un apparent air de famille que Levinas qui parle d'une « vocation médicale de l'homme », a vu son œuvre recevoir un écho considérable dans le champ du soin ? Plus encore, comment passe-t-on de la figure de Levinas que l'on convoque comme le théoricien du visage, à la manière d'un mantra exorcisant nos craintes de n'être « pas éthique », à une philosophie que l'on convoque, dans la radicalité de sa conceptualité, pour élucider et discuter nos pratiques ? Il faut, pour répondre à ces questions, partir d'un double étonnement.

LEVINAS ET LES TERRITOIRES DU SOIN

Notre premier étonnement concerne la réception de la pensée du philosophe. La réception de l'œuvre de Levinas, si elle a connu un large écho dans le champ de la philosophie française contemporaine, et singulièrement de la phénoménologie, a, dans le même temps – est-ce une juxtaposition, est-ce en parallèle, est-ce par voie de conséquence, l'enjeu de cet article est de travailler à le déterminer – connu une réception du point de vue d'une herméneutique de la pratique soignante. Le monde soignant, et singulièrement celui du soin médical et paramédical a donné un écho à cette œuvre. Il a également appris à déchiffrer l'expérience du soin de l'humain vulnérabilisé par la maladie dans les mots du philosophe, tentant de la sorte, de se comprendre devant le texte de Levinas.

Certes, les analyses de Levinas consacrées aux relations à l'autre homme ne se laissent pas enfermer dans le soin médical, lequel n'est qu'une figure du soin possible parmi d'autres.

Sans faire la liste exhaustive de tous les lieux du soin, nous observerons que Levinas laisse ouvert deux enjeux du soin aujourd'hui en chantier, auxquels nous ne donnerons pas ici un avenir. Le premier concerne le point de passage allant du soin des humains au soin porté à aux animaux. « Je ne sais pas si l'animal à un visage » écrit Levinas, lui qui découvre dans le chien Bobby qui le reconnaissait dans le camp de prisonniers où il se trouvait détenu lors même qu'il ne l'était pas par ses geôliers, un descendant des chiens du Nil plutôt que d'Ithaque. Bobby, pour lequel, incontestablement les prisonniers de guerre israélites étaient des hommes[1]. Le second concerne les choix des priorités éthiques qui feraient de Levinas le promoteur d'une éthique anthropocentrée

1 « Nom d'un chien ou le droit naturel » dans *Difficile liberté* [1963], Albin Michel, quatrième édition, 1995, p. 202.

faible. En effet, pour Levinas, le souci de l'autre homme est premier éthiquement et chronologiquement eu égard au soin de la nature. Ceci au nom de l'obligation éthique à laquelle nous appelle la faim des hommes et contre la séduction d'un soin du monde et de l'idolâtrie du *Lieu* (Dasein) qui se paierait du sacrifice de l'humain dans le soin environnemental : « Le mystère des choses est la source de toute cruauté à l'égard des hommes[2] ».

Dans son explicitation du souci à l'égard de l'autre homme, Levinas a pris pour guide la liste des obligations éthiques présente dans la tradition biblique et prophétique à l'égard de laquelle il déploie une double herméneutique, talmudique d'un côté, philosophique de l'autre. Ainsi, remarquera-t-on que la plume de Levinas ne cesse de revenir au texte biblique, et notamment au livre de l'Exode 22.22 (faire droit à l'orphelin et à la veuve, qui aime l'étranger), ou au livre de Zacharie 7.10 (contre l'oppression de la veuve et de l'orphelin, l'étranger et le pauvre) non pas tant pour théologiser la philosophie que pour y trouver un schème ou une forme d'attention qu'il déploiera philosophiquement. Il explorera ce que peut être une attention hospitalière à l'égard de trois figures de la vulnérabilité : l'étranger, la veuve et de l'orphelin[3]. Ce sont là trois figures de la vulnérabilité : juridico-politique pour l'étranger ou le réfugié qui perd le droit du droit et qui attend des villes-refuges comme des formes d'hospitalité inconditionnelle[4] ; l'accueil dans les structures d'alliance qui assurent d'une position sociale et un partage juste des richesses pour la veuve ; l'inscription dans l'hospitalité d'un lignage qui fait de l'enfant un fils ou une fille de … pour l'orphelin. Dans cette trilogie, le verset biblique apparait chez Levinas comme un guide, non comme une norme. Il ne cesse de réveiller le questionnement éthique, suscitant le commentaire à la fois talmudique et philosophique pour élargir notre compréhension de la responsabilité. Il ne faut toutefois pas s'y tromper. Veuve, orphelin ou étranger ne sont pas des thèmes. Au contraire tout le travail philosophique de Levinas va consister à dé-thématiser cette relation à autrui inscrite dans des dispositifs institutionnels. Là où très

2 Emmanuel Levinas, « Heidegger, Gagarine et nous » dans *Difficile liberté*, *op. cit.*, p. 301.

3 « Autrui qui me domine dans sa transcendance est aussi l'étranger, la veuve et l'orphelin envers qui je suis obligé » (Emmanuel Levinas, *Totalité et infini. Essai sur l'extériorité* [1971], Le Livre de poche, 2009, p. 237).

4 Emmanuel Levinas, « Les villes refuges », dans *L'Au-delà du verset. Lectures et discours talmudiques*, Les éditions de minuit, 1982, p. 51-70.

vite autrui est dévisagé par les services d'hospitalité qui le prennent en charge, la tâche éthique sera de maintenir la radicalité d'une forme d'extériorité qui l'envisage. L'autre ne peut être un thème, sous peine d'y être aliéné, de disparaitre sous la rationalité instrumentale et managériale qui va le « traiter ».

On observera d'ailleurs que la figure de l'humain malade n'apparait pas comme première ou du moins centrale dans sa recherche. Levinas pense de manière privilégiée le mal commis de la guerre de l'humain contre l'autre humain – *Totalité et Infini* peut se lire comme le *Guerre et Paix* de Levinas –, plutôt que le mal subi de la guerre intestine en l'humain qu'est la maladie. On peut en être surpris car la relation de soin à l'humain malade donne une figure de l'humain vulnérable et de son altérité dans sa densité, sa complexité et son tragique. La confrontation au mal subi vient aussi bouleverser nos représentations de la rencontre. Mais la surprise ne peut qu'être provisoire : le propos levinassien n'est pas d'éthique appliquée ou d'éthique médicale. L'épreuve de l'humain malade sera plutôt une figure de l'hospitalité[5] parmi d'autre : l'hospitalité de l'hôpital, à côté de l'hospitalité du droit, de l'hospitalité de l'alliance ou de l'hospitalité du lignage. Il s'agit d'en déployer et d'en décliner toute la teneur dans une invitation à une hospitalité inconditionnelle dont on sait combien Jacques Derrida après Levinas tirera les conséquences cosmopolitiques et Élisabeth de Fontenay les conséquences pour une éthique animale dans son *Silence des bêtes*.

Toutefois la réception de l'œuvre de Levinas dans le monde du soin médical mobilise un troisième type d'herméneutique. Ne peut-on pas envisager la pratique soignante comme la tentative de déchiffrer ce que peut signifier pratiquement, et dans une stylistique de l'agir, se comprendre agissant et soignant devant la fragilité du visage ?

Mais il faut, au préalable, être modeste. Il y a toujours de l'éthique avant la méditation du philosophe. Les praticiens et les soignants n'ont pas attendu les philosophes, Kant ou Levinas, pour travailler aux conditions éthiques et politiques d'un soin juste et ajusté. Par contre, ils ont trouvé, notamment dans les hautes turbulences que sont les situations limites mobilisées dans le soin (la grande dépendance, la fin de vie et les soins palliatifs notamment) des occasions où la conceptualisation du philosophe

5 Emmanuel Levinas, « Vulnérabilité et contact », *Autrement qu'être ou au-delà de l'essence* [1974], Paris, Livre de poche, 1990, p. 126.

a pu leur être d'un éclairant secours. Tout comme, inversement, Levinas a trouvé/s'est trouvé avec les épreuves du mal (subi ou commis) face à une mise à l'épreuve de la conceptualité philosophique qui se formulait dans le langage de l'être et des essences. Avec Levinas, le soin pourra s'envisager comme une haute herméneutique de la vulnérabilité humaine et la médecine comme une exégèse de l'humain malade, irréductible à une sémiologie des maladies. Épreuve de l'extériorité, le malade insiste dans la maladie. Tout comme le texte de l'auteur se voit enrichi par ses lecteurs tout en lui résistant comme l'apprend le commentaire talmudique, l'épreuve de l'humain malade dessaisit, par son altérité, à l'endroit même de l'altération dont tentent de se saisir les acteurs du soin et des praticiens. Éthique de l'hospitalité en acte, l'agir soignant pense ce qu'il vit et tente de vivre ce qu'il pense. Il en épèle les potentialités et la fécondité en lisant le soin avec les lunettes levinassiennes. Ces lunettes sont à double foyer. Le foyer lointain de l'appel du visage qui maintient une extériorité ; le foyer d'une im-médiateté ou de proximité dans le tact et la caresse. Ne peut-on pas faire l'hypothèse alors que le monde soignant donne au corpus levinassien un autre corps ? Le corps des gestes soignants et de la relation de soin qui résiste à la thématisation d'autrui en une symptomatologie. La pratique soignante travaillerait à donner une chair et une texture très concrète à cette philosophie du corps et de l'extériorité.

UN SOIN D'AVANT LES SOINS
L'exposition et la caresse

Notre second étonnement tient au fait que la pensée d'Emmanuel Levinas déploie une pensée du soin d'avant le moment du soin. Elle ne se formule pas dans les catégories dominantes du soin, que ce soit celle de la sollicitude, celle du curatif ou bien encore celle du *care*. Levinas pense le soin sans le *care*, et pourrait-on dire un soin d'avant les soins, en amont de tout soin et de l'intentionnalité qui pourrait le porter.

On doit observer que le « soin » n'est pas, au sens strict, un mot de la langue levinassienne. Il s'en démarque doublement. D'une part il prend ses distances avec un soin, dans les soins, toujours déjà thématisé et sémantisé dans des manières de dire (le langage médical) qui servent des manières de faire (une intentionnalité soignante). Pour être opérant le monde du soin mobilise un primat accordé à l'information sur l'expression, de la signification sur la signifiance, du dit sur le Dire. La clarté et la distinction que permet le dit médical doit être placé en seconde position car « dire c'est répondre d'autrui[6] », et non à sa place. D'autre part Levinas invente une langue philosophique qui convoque une série de métaphorisations. La métaphore médicale n'y est pas dominante, mais cette métaphorisation et ces hyperboles travaillent à maintenir la relation à l'autre comme celle d'une exposition à autrui. L'enjeu éthique est d'initier un être en prise avec l'autre qui ne soit pas une emprise.

Levinas mobilise une double constellation lexicale, explicitant singulièrement la relation de soins entre proximité et distance. Ces innovations sémantiques sont marquées par une forme d'impertinence prédicative pour parler comme Ricœur dans ses analyses de la *Métaphore vive*. La singularité des métaphores levinassiennes tient à ce qu'elles travaillent à se débarrasser du prestige de l'intentionnalité inhérente à l'intelligence soignante pour laquelle le projet pour l'autre tend à prendre le dessus sur l'être en projet de l'autre. Il s'invente là une langue, torsion de la culture du projet thérapeutique et médical, à commencer par son langage. Prendre soin des mots du soin questionne, voire soupçonne l'intentionnalité du projet thérapeutique qui les travaillent. Celle-ci reconduit le dire au dit dans l'ultratechnicité, l'acronymité et la description des maladies présentées comme des « variétés botaniques » comme le dira Foucault. *A contrario*, Levinas mobilise une double série de métaphores. D'un côté, des métaphores brutales et violentes empruntées au vocabulaire hyperbolique de la terreur ou du militaire. L'éthique commence avec la guerre. *Totalité et infini* est un ouvrage qui est comme le *Guerre et paix* de Levinas, où il insiste sur le caractère totalisant et enfermant de la guerre qui absorbe toute altérité. Ce vocabulaire, surprenant en ce qu'il parle la relation à autrui en des mots peu romantiques, insiste sur l'altération par l'altérité. Avec lui, Levinas veut y penser ce qui maintient une ouverture, une brèche, une fracture. « Être otage de l'autre », éthique du « traumatisme », « être exposé » à l'autre voire « assiégé »,

6 Emmanuel Levinas, « Le Dire sans dit », *Autrement qu'être ou au-delà de l'essence*, *op. cit.*, p. 80.

« responsabilité sans pourquoi » sont des expressions extrêmement violentes, destituant le pouvoir sur l'autre afin de laisser toute sa place à un recevoir. Ces métaphores travaillent à la destitution de soi pour ne pas se laisser aller au risque de croire possible la « constitution » d'autrui (*i.e.* Husserl).

Cette première série de métaphores, très iconoclaste, est destinée à briser un soin caricaturé en prestation de services. L'autre disparaissant comme objet de soins y est moins envisagé que dévisagé. Mais elle est inquiétante pour le soin tant elle parait subordonner le soignant à la toute-puissance du soigné dont il serait otage. Pour le dévouement jusqu'à l'épuisement professionnel ; le don de soi, parfois confondu avec le sacrifice, dans l'engagement des professionnels de soin ; la tyrannie psychologique et affective engagée dans le transfert des affects du soigné sur le soignant, l'expression « être otage de l'autre » est suspecte. Elle a moins une signification éthique que celle d'une caution de l'aliénation des soignants. Les métaphores levinasiennes prêtent ici au malentendu. Il serait celui d'un appel à une hyper-responsabilité cautionnée par une « asymétrie éthique » de la relation de soin mal comprise. Levinas répond à cette objection. L'asymétrie n'est pas l'unilatéralité. La première est éthique, la seconde est économique. Celle-là est une exposition à autrui ; celle-ci est une mise à disposition de l'autre. « La multiplicité dans l'être qui se refuse à la totalisation, mais se dessine comme fraternité et discours, se situe dans un "espace" essentiellement asymétrique[7] ».

Mais il est un autre réseau de métaphores qui donne consistance à ces lunettes à double foyer évoquées ci-dessus. Après la distance de la guerre, il y a la proximité de la caresse. Levinas mobilise également des métaphores empruntées au monde de la relation amoureuse voire érotique : la nudité, la caresse, le tact, la « vocation médicale de l'homme ». Autant de mots qui « parlent à » et qui « parlent des » soignants, en raison de l'intimité qui caractérise le soin de la corporéité humaine vivante : de la toilette aux soins palliatifs. Telle est aujourd'hui cette relation singulière à l'humain malade, dans le cadre de la sédation continue et profonde, où le visage est donné dans sa nudité la plus extrême. Cette métaphorisation encourage un nouvel iconoclasme : penser un être en prise qui ne soit pas une emprise. Elle opère comme une conversion ou

7 Emmanuel Levinas, *Totalité et infini. Essai sur l'extériorité* [1971], Paris, Le Livre de poche, 2009, p. 238.

une inversion de la tentation de « saisir » l'autre en un « être pris » par lui. La caresse qui vient nous trouver sans nous prendre est le contrepoids nécessaire à la main qui explore et examine. L'extrême fragilité de la nudité réplique à la mise à nu qu'exige l'examen médical qui perçoit le corps sous le modèle de l'écorché (*cf.* Vésale), et qui construit une vision sans regard. « L'impudeur, toujours osée dans la présentation de la nudité lascive, ne vient pas s'ajouter à une perception neutre préalable, comme celle du médecin qui examine la nudité du malade. La façon dont la nudité érotique se produit – se présente et est –dessine les phénomènes originels de l'impudeur et de la profanation[8] ».

En somme, les résonnances de ces métaphores dans le monde du soin en définissent le climat, sinon poétique, mot trop fort pour Levinas, du moins éthique. Il s'agit de faire en sorte que toute visite (mot tellement important en médecine dans la visite médicale ou la grande visite) soit une visitation. Elles déploient une *éthique de la visitation*[9].

LE SOIN N'EST NI LE SOUCI (*SORGE*), NI UNE PRESTATION, NI LE *CARE*

Le thème levinassien d'une exposition à l'autre, que nous plaçons dans l'orbe générale du soin, ne saurait être confondu avec le thème phénoménologique du souci, notamment dans la façon qu'a eu Heidegger de le développer. Les analyses de Levinas sont critiques à l'égard de Heidegger. Cela était déjà sous-entendu ci-dessus, dans la critique levinassienne de l'hypostase du Lieu cautionnant une exaltation du génie du Lieu et une apologie du sol, des sources et des forêts. Pour Levinas l'opposition entre l'Être et les étants a conduit Heidegger, en raison de sa fascination pour l'im-médiateté, à ne pas concevoir la singularité de l'humain, cet étant d'exception. *A contrario*, Levinas a donné le primat, parmi tous les étants, à autrui ; Heidegger n'y voyant qu'un étant parmi d'autres, l'étant étant toujours second par rapport à l'être. Le soin engagé

8 *Ibid.*, p. 287.

9 Emmanuel Levinas, *Humanisme de l'autre homme*, [1972], Paris, Le Livre de poche, 1996, p. 52.

dans un humanisme de l'autre homme ne se confondra donc pas avec le souci de l'être. S'il est un soin, il ne s'élaborera pas comme un souci de l'être mais comme un soin de l'humain. La figure du soignant ne saurait être pour Levinas, celle du soigneur érigeant l'homme, comme chez Heidegger, au rang de berger de l'être.

Envisageant la relation à autrui comme ce qui devance et subvertit toutes attentes, la pensée de Levinas parait incompatible avec le soin, et avec une sollicitude substitutive. Pour lui, le soin n'est pas un projet mais un anti-projet. Il n'est pas une prestation et résiste au primat de l'intentionnalité qui installe toute relation de soin dans la logique totalisante du parcours de santé, du programme de soins, du protocole thérapeutique. À proprement parler, il ne saurait y avoir de « projet de soin » pour qui veut laisser l'autre faire son entrée. Cette formule apparaîtra détonante, sinon irrecevable à l'heure de la structuration du travail des soignants en termes de « démarche de qualité », de « fiabilisation des parcours de soin » ; d'institutionnalisation et de performance de l'industrie de santé.

De fait, il est une difficulté réelle d'associer Levinas au monde du soin. Il y a chez lui une tentative de penser le soin comme la possibilité d'une impossibilité. Freud, déjà, disait qu'il y avait trois métiers impossibles : gouverner, éduquer et soigner, au sens de l'analyse psychanalytique dans le texte de 1937 « L'analyse avec fin et l'analyse sans fin ». Autant d'activités qui pour Freud sont vouées à l'insuffisance, à l'impossible clôture. Cette partition freudienne entre « le soin avec fin et le soin sans fin » faisait apparaitre une dérive qui guette ces trois champs, et à laquelle le soin n'échapperait pas : la dérive fonctionnaliste ou technicienne, réduisant le soin à un métier, et le métier à des activités. Cette idée nous parait résonner avec un propos qui clôt l'ouvrage *Autrement qu'être.* Levinas s'y défend de l'accusation d'utopisme. À trop faire du soin l'accueil inconditionnel d'une extériorité, il le rendrait impossible, tant le soin serait conditionné par sa spécialisation et par sa normalisation. De fait, il s'oppose au rêve totalisant et totalitaire de la toute maîtrise qui hante toute entreprise de thématisation de l'autre, dont la biomédecine, pour laquelle, comme l'avait résumé Arendt, « tout est possible » : « À l'utopisme comme reproche – si l'utopisme est reproche, si aucune pensée n'échappe à l'utopisme –ce livre échappe en rappelant que ce qui eut humainement lieu n'a jamais pu rester enfermer dans son lieu[10] ». Si le

10 Emmanuel Levinas, *Autrement qu'être*, *op. cit.*, p. 282. Nous soulignons.

soin a lieu, et si le soin a besoin de lieux pour avoir lieu, il ne saurait y être assigné à résidence. Levinas, penseur de l'impossibilité du soin, ne risque-t-il pas alors d'être celui inviterait à une forme de dessaisie qui préparerait une impuissance ? De fait, ce penseur développera une philosophie de la passivité ou de l'exposition à autrui qui déroute nos représentations du soin comme actions, activités et planifications.

Une dernière observation rappellera que cette philosophie formule une pensée du soin située avant, chronologiquement (cela s'explique aisément) et logiquement (cela est plus délicat) les éthiques du *care.* L'enjeu ne porte pas principalement sur un féminisme du *care* versus un « paternalisme » de Levinas à qui on a pu reprocher ses pages sur la maternité ou sur le féminin. Mais Levinas est aussi celui qui écrit : « Les autres d'emblée me concernent. La fraternité précède ici la communauté de genre[11] ». Son analyse se situe sur un autre plan discursif. Les philosophies du *care* déploient une éthique et une politique, nourries d'analyses sociologiques, discutant l'invisibilisation ou la domination des pratiques de soin qui font tenir le monde. Elles relèvent, pour une part, de la philosophie sociale. La phénoménologie levinassienne travaille sur les structures ontiques de la disponibilité, sur la mise au jour de ce qui se manifeste dans l'apparoir du visage. Cette phénoménologie de la passivité se pense comme exposition à une vulnérabilité à laquelle il s'agit de répondre parce qu'elle nous oblige. Certes, Levinas et les philosophies du *care* ont en commun une conceptualisation à rebours de la vulnérabilité, si l'on pense au livre de Tronto, *Un monde vulnérable.* Mais le statut donné à la vulnérabilité n'y est pas le même. Levinas conteste une pensée de la Totalité qui enserre toute forme d'Extériorité dans son projet et critique le primat d'une intentionnalité refusant de laisser être et de s'exposer à l'autre. La vulnérabilité y définit non plus un ego constituant mais, pour reprendre une formule de Paul Ricœur, un cogito traumatisé, soi dessaisi de soi exposé à la blessure de l'autre. Les philosophies du *care*, quant à elle, contestent l'anthropologie tronquée de l'*homo œconomicus* qui déploie une honte de la vulnérabilité au nom de l'autonomie exaltée aux effets délétères par l'abrasion et la violence faites aux relations de soins. Là où les philosophies du *care* mettent l'accent sur les signes de soins pratiqués, sur leur sémiologie et leur soutien, la pensée de Levinas déploie une philosophie de la trace d'un existant. Pour le *care*, la vulnérabilité se fait signes alarmants ; pour Levinas elle fait trace et désarme. Les pensées du signe ne sont pas

11 *Ibid.*, p. 247.

une pensée de la trace ; « La trace … n'appartient pas au rassemblement de l'essence[12] ». Cette attention à la trace, plus qu'au signe, ne permet-elle pas de comprendre ce qui s'engage aujourd'hui dans la revendication de patients de n'être plus pensés comme « patients » dans une demande de reconnaissance de savoirs expérientiels ? Ces initiatives tentent de suivre au plus près, et dans leur dimension individuante, les épreuves inédites du sujet malade. Les analyses de Levinas sur le témoignage, dans la mesure où ce dernier fait trace, pourraient les éclairer. Là où, pour une sémiologie, le témoignage du malade est une source documentaire à portée heuristique, dans l'éthique du témoignage il se fait trace d'une extériorité radicale à portée éthique. On pense ici au verbatim et aux récits de malades ayant traversé le mal subi de la maladie. Le témoignage l'est d'une hauteur qui m'oblige mais que je ne peux plus localiser en un sujet. Il n'est pas thématisable : « Il n'y a de témoignage que de l'Infini[13] ».

DE L'ÉTHIQUE ENTENDUE COMME PHILOSOPHIE PREMIÈRE À L'ÉTHIQUE COMME MÉTHODE POUR LES SOINS ?

Intérêts et limites de la référence aux analyses levinasiennes dans le monde du soin concernent la nature de sa contribution à une éthique, voire une politique des soins. La réception de ses analyses est survenue dans un contexte traumatisé par la perte de l'autorité médicale et de son paternalisme. Elle fut contemporaine de l'effondrement des grands principes et repères qui orientaient l'agir soignant en raison d'une sécularisation avancée, de l'apparition de questions éthiques inédites liées aux innovations biomédicales et de la découverte assumée d'un pluralisme éthique. Dans ce contexte, l'appel à Levinas, dans les débuts de la bioéthique continentale sinon francophone, se présentait comme une conceptualité *ad hoc*, au risque d'opérer parfois comme un mantra. Comme si prononcer les mots de visage ou d'otage de l'autre servait de caution éthique sinon de résolution de dilemmes éthiques.

12 *Ibid.*, p. 261.
13 *Op. cit.*, p. 229.

Cette référence a pu n'être qu'une révérence. Mais elle a eu également pour effet d'inciter à revisiter les mots, les catégories et les orientations pratiques soutenant les pratiques soignantes. La langue de Levinas, car cette philosophie c'est aussi une langue, on l'a vu, a contribué à réveiller l'éthique soignante de son sommeil dogmatique. Le caractère inclassable de cette philosophie a résisté à l'euphorie du développement d'une médecine de plus en plus technicisée résolvant les problèmes humains comme s'ils n'étaient que des problèmes techniques. Il a également permis de se distancier d'une éthique utilitariste elle-même conçue comme une technique de décision, par une approche « qualité » assignant l'éthique au rang de critère dans l'amélioration continue de la qualité des organisations de santé. L'éthique de Levinas ne fait pas de lui un éthicien. S'il est un malentendu sur ce point, il a consisté en une instrumentalisation involontaire. On a cru pouvoir trouver dans son éthique conçue comme « philosophie première », une éthique appliquée. Mais une éthique que l'on invoque n'est pas encore une éthique que l'on convoque pour élucider l'agir et la pratique. Peut-on convoquer cette éthique comprise comme philosophie première pour éclairer l'agir soignant et s'orienter dans l'action ? Répondre à cette question suppose un double contresens à ne pas commettre. D'un côté, on ne saurait prendre l'éthique levinassienne pour une éthique appliquée, fut-elle médicale. : « Ma tâche n'est pas de construire l'éthique ; j'essaie seulement d'en chercher le sens [...] On peut construire une éthique en fonction de ce que je viens de dire, mais ce n'est pas là mon thème propre[14]. » D'un autre côté, l'éthique médicale n'est pas qu'une déduction mécaniste de principes déployés dans une éthique philosophique ; elle opère bien plutôt comme une sagesse pratique, ayant son autonomie.

L'éthique de Levinas ne peut être une éthique appliquée en raison de son refus de la thématisation et de la réduction du dire au dit. L'éthique appliquée admet le plus souvent, et c'est un problème éthique, les contextes complexes au sein desquels elle opère. Elle travaille à une forme d'élucidation pratique. L'éthique comme philosophie première refuse de façon an-archiste d'être prisonnière des contextes imposant leurs présupposés ou leurs attendus. C'est pourquoi elle ne sera pas l'éthique de l'éthicien qui en fait une « science de l'action » avec la dimension procédurale qui l'accompagne. La réduction de l'éthique,

14 Emmanuel Levinas, *Éthique et Infini*, rééd. Paris, Le livre de poche, 1996, p. 85.

par une approche intellectualiste, à des calculs de chances, à des arbres de la décision formalisés par la théorie des jeux, en fait une technique de décision. Il s'ensuit que l'analyse levinasienne est mal à l'aise avec l'éthique médicale des principes (bienfaisance, non malfaisance, autonomie, justice) en bioéthique. Cette dernière risque d'être la caution du dispositif scientifique et technique où on l'installe – l'éthique des comités – et d'opérer comme un jeu logique. Or, pour Levinas, elle est pensée comme une anarchie qui vient contester son instrumentalisation.

Ni éthique des vertus en raison de sa destitution du sujet ; ni éthique déontologique en raison d'une rupture avec les morales du fondement ; ni éthique conséquentialiste en raison d'un refus de son utilitarisme sous-jacent qui reconduit l'éthique à des calculs coûts-bénéfices, l'éthique levinassienne met en déroute ce que nous entendons ordinairement par éthique. Il n'y a nulle part chez Levinas de fastidieuse énumération des contenus de l'éthique (il faut faire ceci...ou cela) ; et pas plus de loi formelle du type de l'impératif moral kantien – puisque « l'expérience » du visage est un événement concret, empirique même. [...] C'est pour cette raison même que l'éthique levinassienne pourra paraître parfois abstraite à qui ne sait pas l'entendre en ce qu'elle est : tout entière « expérience » – qui en est à peine une puisque je fais en elle l'épreuve de la déprise – de la mise en question de l'égoïsme du moi ; elle n'est surtout pas un ensemble de préceptes qui disent quoi faire dans tel ou tel type déterminé de situations. Ainsi l'éthique a-t-elle été découverte comme « philosophie première[15] ». Une telle perspective a quelque chose de réjouissant ; mais également quelque chose d'inquiétant. Elle inquiète notre souci de très vite vouloir être dans l'application de procédures, de règles, de normes, en en démantelant la dimension enfermante. Mais, en ouvrant sur une éthique entendue comme exposition à une forme d'altérité radicale, elle encourt le risque d'encourager une hyper-responsabilisation.

La philosophie de Levinas contribue à se déprendre d'une éthique réduite à une science de la décision. Elle invite à un usage modeste, du point de vue opérationnel, mais brûlant, de l'appel éthique : celui du scrupule, de la vigilance éthique qui se situe aux marges du soin. Un tel gain est-il faible eu égard à l'urgence opérationnelle à laquelle la fragilité des malades nous convoque ? La vigilance éthique qui travaille à maintenir une forme extériorité n'est-elle pas la condition première

15 François-David Sebbah, *Levinas*, Paris, Perrin, 2010, p. 43-44.

de toute relation éthique et de toute éthique des institutions ? Si tel est bien le cas, on se demandera alors quels sont les lieux ou les espaces laissés dans le soin et son organisation pour que l'effraction de la trace du visage puisse faire son entrée ?

LEVINAS ET LES INSTITUTIONS DE SOIN

On renvoie souvent Levinas aux analyses qui privilégient la relation asymétrique engagée dans la relation de soin. Mais sa radicalité tient aussi à ce qu'il lance un défi critique dans la relation aux institutions hospitalières entretiennent avec l'hospitalité. L'hôpital, dans sa dimension organisationnelle et institutionnelle, n'y fait pas exception. Comment alors, si l'on prend au sérieux l'exposition éthique à l'altérité, en laisser retentir les effets en tant qu'orientation pour des pratiques institutionnelles et politiques ouvertes ? Comment penser et accueillir l'immaitrisable de l'autre au sein de dispositifs conçus au contraire pour la maitrise, l'objectivation ? Quelle extériorité éthique pensable dans une institution qui déploie sa totalité ? Quels discernements pour les managers, les directeurs, les comptables, les responsables des systèmes de pilotage et d'informations qui, aujourd'hui, sont à la tête du système de soin afin qu'ils puissent faire vivre, dans et avec la structure qui coordonne les opérations de soin, une vigilance éthique jamais assurée de son « Me voici pour les autres[16] » ?

La rationalité engagée au sein des institutions de l'hospitalité – pour le demandeur d'asile et les centres d'hébergement d'urgence, pour la pupille de l'État et les services médico-sociaux, pour l'accompagnement social des familles, pour le soin hospitalier – relève d'un souci de la mainmise et de la maitrise. Les procédures d'admission, le pilotage par indicateurs et aujourd'hui, la gouvernance par les nombres, en sont les nouvelles idoles. Le nombre est devenu l'ombre de l'altérité. Levinas en a défini la nature : *une culture de l'immanence*[17]. Cette dernière lamine toute aspérité et toute altérité, au nom d'un souci de l'universel

16 Emmanuel Levinas, *Autrement qu'être ...*, *op. cit.*, p. 233.
17 Emmanuel Levinas, *Entre nous*, Paris, Grasset, 1991, p. 200.

doublement caricaturé en une uniformité valorisant le même et en une unidimensionnalité encourageant la mise à disposition, le calculable, l'exploitable et le machinable.

Les institutions hospitalières peuvent-elles demeurer ouvertes à l'hospitalité éthique originaire qui les travaillent, alors qu'elles sont marquées par la tendance violente à homogénéiser, unifier, lisser l'altérité par l'isonormé ? En effet, l'accueil de l'extériorité qu'on voudrait inconditionnel est toujours conditionné : « Autrui est présent dans un ensemble et s'éclaire par cet ensemble comme un texte par son contexte[18] ». Le propre d'une institution est qu'elle exige de produire une manière de « se ressembler sans se rassembler » pour parler comme Derrida. Elle se fait totalité qui identifie et qui profile des parcours afin de pourvoir être efficace, définissant « le bon réfugié », « le bon patient », « le bon élève ». Ce faisant, elle profile des existences, mettant l'accent moins sur leur extériorité que sur leur identité ou mêmeté. Levinas n'ignore pas cette logique du même propre à l'institution. Mais il cherche une manière d'en subvertir la logique. Il creuse la dimension non thématisable, non traitable, non mécanisable de ce qui s'engage dans le soin : l'irruption d'une singularité insubstituable. Il s'agit de trouver l'autre dépouillé des habits de la culture et de l'institution dans sa nudité du visage. L'ordre éthique du visage n'appartient pas à l'institution. Il lui résiste en lui rappelant qu'il en est l'orientation, l'orient ; qu'elle n'en est que le moyen ou la servante. À la culture de l'immanence, elle oppose une culture de la transcendance. Suscitée et réveillée par ceux qui n'entrent pas dans l'ordre établi – l'immigré, l'exilé, le réfugié, le déporté, l'apatride, le mauvais malade, l'Alzheimer, l'agonisant – cette autre culture en appelle également à la venue « d'un autre droit, d'une autre politique[19] ». La proposition levinasienne n'a pas l'abstraction qu'on peut vouloir y trouver. Elle met au jour une hospitalité inconditionnée sans laquelle il ne saurait jamais y avoir de monde humain. Elle dit aussi, si on ne veut pas cautionner un sacrifice de tous soignants à l'égard des soignés, qu'il y a un enjeu : traduire la folie de son appel dans des formes instituées nécessaires mais qu'il ne s'agit pas d'absolutiser. Ni

18 Emmanuel Levinas, *Humanisme de l'autre homme*, Paris, Fata Morgana, 1972, p. 47.

19 Jacques Derrida, *Cosmopolites de tous les pays, encore un effort* ! Paris, Galilée, 1997, p. 22, cité par Francis Guibal, *Philosopher à l'écoute du monde. Chemin de pensée*, Presses universitaires de Strasbourg, 2013, p. 56.

enfermer dans les certitudes définitives la fonction des institutions hospitalières, ni exploit esthétique qui se refuse à se concrétiser en une institution, l'éthique comme philosophie première ne cesse d'arracher les institutions, toutes les institutions à leurs limites et à leurs particularismes, pour les ouvrir à la rencontre. Elle installe la distance comme la condition de la proximité.

Jean-Philippe PIERRON
Université de Lyon – IRPhiL[20]

20 Jean-Philippe Pierron, est aussi directeur de la Chaire « valeurs du soin » à l'Université Jean Moulin Lyon 3.

LA RELATION DE SOIN AVEC UNE PERSONNE NON-COMMUNICANTE

L'ultime du visage ?

La relation avec des personnes non communicantes est une modalité de ce que nous appellerons ici les « situations extrêmes » – situations qui viennent interpeler autant l'éthique pratique de la relation de soin, que la philosophie et ses définitions de l'humain. C'est un type de situation qu'est susceptible de rencontrer un bénévole d'accompagnement en soins palliatifs, à qui l'on demandera d'aller faire une « présence silencieuse » auprès de Madame B. qui est « précaire », ou de Monsieur C. qui est « Rudkin 5 ». De ces indications médicales, le bénévole décrypte qu'il aura à faire à une personne qui n'est pas en état de communiquer, du fait de l'évolution de la maladie ou de l'effet des médicaments. Il en va ainsi, par exemple, de la sédation prolongée – sommeil volontairement induit par les médicaments, de façon à éviter à une personne la perception d'une souffrance réfractaire. La médecine parlera d'une vigilance altérée ; le bénévole – phénoménologue malgré lui – s'interrogera sur le degré de conscience que ces personnes ont d'elles-mêmes et de ce qui les entoure, sur la perception de ce qui leur arrive. C'est avec cette incertitude que le bénévole entrera dans la chambre – une incertitude qui ne sera pas levée par la rencontre avec la personne, du fait de l'absence de communication (plus exactement : en l'absence de signes manifestes de communication).

Une première question se pose : De quel type de relation s'agit-il, si la réciprocité semble d'emblée mise à mal ? Cette situation qui nous mène aux limites de la communication et de la réciprocité fait surgir une seconde question : qu'en est-il de l'humain ? Qu'est-ce qui de l'humain persiste en l'absence (de signes) de communication, de conscience – en l'absence d'expression du *logos* ? Ne sommes-nous pas conduits aux limites de l'humain, c'est-à-dire en un point où se pose la question de l'identification de l'humain par la ressemblance : est-il « le même » que moi ? Celui qui git là, sans parole, sans expression – tout entier dans sa respiration qui parfois se suspend, parfois est rauque, parfois ténue au point d'être imperceptible –, puis-je me reconnaître en lui ? Ne serais-je pas tenté de mettre en question notre ressemblance, et par là notre commune humanité ?

Nous sommes sur une ligne de crête entre évidence et inévidence de l'humain. Quelque chose de cela se produit devant les tableaux de Francis Bacon[1]. L'humanité qui transparaît est-elle encore commune ? La ressemblance est en question : on devine bien une figure humaine, et l'on est en même temps saisi par l'effacement de l'humain à travers sa défiguration. Deleuze, commentant Bacon, rappelle que celui-ci dit avoir « toujours été touché par les images des abattoirs et de la viande[2] ». C'est peut-être par-là que le visage reprend chair : dans la menace de la disparition de l'humaine ressemblance, dans la proximité avec la « viande » malmenée, le visage se manifeste comme corps souffrant. Deleuze dit du projet de portraitiste de Bacon qu'il s'agit de « défaire le visage, retrouver ou faire surgir la tête sous le visage ». Il ajoute que si Bacon peint tout le corps, c'est « le corps en tant que chair et viande[3] », par où se manifeste « la zone d'indiscernabilité » entre homme et bête. Est-ce encore un humain, celui qui souffre comme une bête, celui qui comme l'animal n'a pas accès à la parole, celui devant qui Deleuze commentateur de Bacon s'exclame : « Pitié pour la viande[4] ! ». Inquiétante indiscernabilité qui semble rendre l'humain étranger à sa propre humanité. Et pourtant, à regarder les tableaux de Bacon, l'expérience perceptive ne s'arrête pas à l'indiscernabilité. Au contraire, on reconnaît étonnamment le modèle dans son portrait. Étrangement, la défiguration ne fait pas disparaître la singularité de la personne : la singularité demeure et se donne à voir.

La défiguration dont il sera question ici renvoie à cette indiscernabilité, qui est interrogation ou hésitation sur l'appartenance à l'humain. La défiguration ne désigne pas uniquement la déformation plastique du visage. Il s'agit de ce qui se joue dans une formule du livre d'Isaïe :

1 Par exemple *Three Studies for a Portrait of Lucian Freud* (1964). Ou *Trois études pour le portrait d'Henrietta Moraes* (1963).

2 Gilles Deleuze, *Francis Bacon. Logique de la sensation*, Paris, Seuil, 2002, p. 27.

3 *Ibid.* p. 28.

4 *Ibid.* p. 29.

« n'avoir plus figure humaine[5] ». L'expression met en exergue l'exclusion hors de l'humanité de celui qui n'a plus les apparences de l'humain : « Objet de mépris, abandonné des hommes, homme de douleur, familier de la souffrance, comme quelqu'un devant qui on se voile la face » (Isaïe 53, 3). L'enjeu est celui de la tentation de l'exclusion hors de l'humanité de celui qui n'en a pas l'apparence. Lorsqu'il n'y a pas ou plus de ressemblance avérée, la tentation est grande de rejeter l'autre hors de l'humanité – ce que Levinas appelle la tentation du meurtre : « négation totale dont le meurtre est la tentation et la tentative[6] ». Le visage désigne alors, paradoxalement, la condition de l'autre dont on a envie de se détourner, parce que l'on n'est pas absolument certain de reconnaître en lui un humain. Dans *Autrement qu'être*, Levinas écrit : « Le dévoilement du visage est nudité – non forme – abandon de soi, vieillissement, mourir ; plus nu que la nudité : pauvreté, peau à rides ; peau à rides : trace de soi-même[7] ». « Présence qui est l'ombre d'elle-même[8] ». Lorsque s'efface la ressemblance humaine et que la réciprocité n'est plus avérée, lorsque s'estompent les apparences ou les comportements les plus habituels de l'humanité, alors se manifeste ce que j'appelle l'ultime du visage.

L'ultime du visage, c'est l'extrême de cette misère qui nous sollicite, l'extrême de la vulnérabilité qui appelle par un corps silencieux : « Dénudation au-delà de la peau, jusqu'à la blessure à en mourir, dénudation jusqu'à la mort, être comme vulnérabilité[9] ». La défiguration serait l'ultime du visage car elle donne l'autre au-delà de la figure et de la forme, fait échapper autrui à la saisie par la vision ou le toucher, échappe à la représentation. « Le visage est présent dans son refus d'être contenu[10] ». L'ultime du visage : ultime de la vulnérabilité telle qu'elle nous mène aux confins de l'humain. L'ultime du visage, c'est lorsque je suis sidéré par l'inquiétante étrangeté de l'autre. Étrangeté qui vient inquiéter la possibilité même de retrouver une ressemblance. L'ultime

5 « De même que des multitudes avaient été saisies d'épouvante à sa vue, – car il n'avait plus figure humaine, et son apparence n'était plus celle d'un homme » (Isaïe 52, 14), *Bible de Jérusalem*, Paris, Cerf, 1997.

6 Emmanuel Levinas, *Totalité et infini* (1961), La Haye, Martinus Nijhoff, 1984, p. 168.

7 Emmanuel Levinas, *Autrement qu'être ou au-delà de l'essence*, La Haye, Martinus Nijhoff, 1974, Paris, Le Livre de Poche, 1990, p. 141.

8 *Ibid.*, p. 149.

9 *Ibid.*, p. 84.

10 Emmanuel Levinas, *Totalité et infini ...*, 1984, p. 168.

du visage, c'est une altérité qui devient inquiétante et étrange, car elle révèle une proximité que l'on refuse à admettre, entre soi et celui dont l'existence inquiète les limites de l'humain. Cette inévidence de l'humain convoque à tenir la commune humanité là où elle s'estompe, là où son évidence ne s'impose plus. Comment résister à cette tentation d'exclure de l'humanité celui qui n'a plus figure humaine, celui en qui ne se manifestent plus les attestations habituelles du semblable ? C'est à ce point qu'une lecture de Levinas peut nous aider à penser une relation dans l'absence de réciprocité et l'incertitude de la ressemblance. Dans la philosophie de Levinas, nous trouvons précisément de quoi penser la relation autrement que sur les fondements de la ressemblance, du semblable ; et autrement que sur le mode de la réciprocité.

AUTREMENT QUE SELON LA RESSEMBLANCE

Le ressort de la pensée de Levinas consiste précisément dans une critique de la modalité du semblable. Il s'agit de penser autrement que sur le mode de la ressemblance. Levinas instruit le procès de la connaissance depuis Platon : dans la tradition philosophique, connaître, c'est reconnaître, c'est toujours partir de quelque chose de connu – donc de soi. C'est saisir et empêcher de se déployer l'altérité, l'inédit, l'inouï de l'autre – réduction de l'Autre au Même, qui est toujours aux yeux de Levinas un geste totalisant, écho de totalitaire. Comment penser autrement que sur le mode du semblable, de la ressemblance ? Il s'agit d'inverser le mouvement : partir de l'autre, et non pas de soi. Tout ce qui est dit du surgissement du visage, venant bouleverser mes représentations, échappant à la pensée, désigne ce renversement. Un renversement qui n'est pas sans faire violence : la dimension hyperbolique de la pensée de Levinas témoigne de cela. L'autre vient « comme un voleur », fait effraction dans le confort de mes représentations familières. En quoi cette critique du semblable peut-elle nous instruire dans les « situations extrêmes », où la non-ressemblance vient questionner les limites de l'humain ? Que peut signifier prendre ce chemin qui part de l'Autre et ne retourne pas au Même, à partir d'autrui et non de soi ?

Autrement que la ressemblance, c'est d'abord se tenir autrement que sur le mode de la connaissance. Être face à l'autre qui répète indéfiniment le même geste, ou être assis à côté de la personne alitée, non communicante, c'est d'abord accueillir que *je ne sais pas*. Je n'ai pas connaissance de ce que la personne éprouve. Je ne comprends pas le sens de ses gestes ni la portée de ses soupirs. Je ne sais pas ce qui se passe pour l'autre, en l'autre. Je ne peux pas imaginer. Je ne peux pas prétendre me mettre à sa place. Je ne sais pas ce qu'elle veut. Je ne sais pas si elle veut. Je ne sais pas ce qui est bon pour elle. Ainsi, le premier effet de la non ressemblance est de poser une limite aux prétentions d'une empathie mal comprise : croire pouvoir se mettre à la place de l'autre, et *in fine* décider pour lui ou pour elle. Sans même parler des situations extrêmes, chaque soignant ou accompagnant peut avoir fait l'expérience d'aller fermer une fenêtre au prétexte que cela faisait un courant d'air dans la chambre de Monsieur A ou Madame B, qui risquait de lui être désagréable ou malfaisant. Or, il se trouve que Monsieur A ou Madame B aime les courants d'air, ou que cet air l'aide à respirer, à lutter contre l'angoisse, ou lui permet d'apprécier la venue du printemps par les odeurs qui arrivent du jardin, ou qu'il ou elle a besoin d'entendre les bruits de la ville pour se sentir relié… Je ne peux pas savoir à la place de l'autre. Le premier pas de la responsabilité commence par ce non-savoir.

Dans les situations extrêmes, la tentation peut aller jusqu'au souhait de faire disparaître l'autre, sous couvert d'empathie – en réalité par crainte de la ressemblance. Le raisonnement en surface est souvent le suivant : « Si j'étais à sa place, je ne voudrais pas mener cette vie-là », « Je ne voudrais pas être un légume », « Je préférerais ne pas vivre plutôt que d'être dans cet état-là ». Or, cette prétendue empathie (« Moi, à sa place ») exprime en réalité une profonde résistance à la ressemblance : tout en moi fuit et résiste à avoir quelque chose en commun avec cet autre en son dénuement extrême. En réalité, je ne veux pas être comme lui. Je ne veux tellement pas lui ressembler, que je peux être tenté de le rejeter hors de l'humanité, symboliquement (le registre sémantique du « légume »), ou en le supprimant (la revendication du droit à l'euthanasie s'enracine souvent là). Lorsque le corps d'autrui est difforme, mourant, ou « perdant la tête », lorsqu'une réciprocité dans la communication n'est pas avérée, alors son « inquiétante étrangeté » révèle mon angoisse de lui ressembler, l'angoisse d'être entraîné par lui vers la mort, la solitude ou la défiguration de l'humain. Le deuxième pas de la responsabilité consisterait à reconnaître cette angoisse de la ressemblance qui peut pervertir la compassion en protection de soi.

La critique du semblable met au jour les ambivalences de la référence à la ressemblance, qui, sous couvert des meilleures intentions (le bien de l'autre) peut masquer le désir de sa disparition. La mise au jour des ambiguïtés de la ressemblance peut alors nous préserver de la projection – de l'empathie projective – qui prête à l'autre nos propres craintes, nous pousse à fuir la relation – voire à la rendre impossible par la suppression de l'autre – en raison de notre propre inquiétude face à l'étrangeté.

LA PROXIMITÉ PLUTÔT QUE LA RÉCIPROCITÉ

L'alternative à la relation fondée sur la ressemblance serait une juste articulation entre ce que Levinas nomme *séparation* et *proximité*. La *séparation* signifie pour Levinas que je ne peux pas me mettre à la place de l'autre, au sens où je ne peux prétendre avoir accès à son identité, ni à son intériorité. Ce serait prétendre à la connaissance d'autrui, à ce savoir totalisant qui est la porte ouverte à la violence. L'autre, en ce sens, est « extériorité » et « transcendance » : je ne peux le saisir, le ramener à l'intériorité du Moi, aux limites du connu. La séparation nous préserve des illusions ou de l'emprise de l'empathie mal comprise. Comment dire, alors, la relation à autrui ? Elle n'est pas ressemblance, elle n'est pas savoir, mais *proximité*[11]. Il s'agit bien de réinventer une proximité dans la radicalité de la dissymétrie. La proximité se passe de réciprocité. Quelles en sont alors les modalités ? La simple présence : « une présence en face d'un visage[12] ». Une présence que Levinas appelle le « s'offrir » à l'autre – un « s'offrir » qui à ses yeux peut être en même temps « souffrir[13] » ; et l'on comprend que l'impuissance face à l'absence de réciprocité soit vécue comme souffrance[14]. Pourtant, l'épreuve

11 *Cf.* Emmanuel Levinas, *Autrement qu'être ...*, p. 157.
12 Emmanuel Levinas, *Totalité et infini*, p. 21.
13 Emmanuel Levinas, *Autrement qu'être ...*, p. 92.
14 *Cf.* Paul Ricœur, *Autrement. Lecture d'Autrement qu'être d'Emmanuel Levinas*, PUF, 1997, p. 17 : Répondre, s'offrir, souffrir.

de mon impuissance peut être « une bonté malgré elle-même[15] ». Cette bonté est une attitude en-deçà de ma volonté, en deçà de mes prétentions à savoir et à vouloir le bien d'autrui – une bonté peut-être malgré moi, au sens où je serais ignorant même de ma bonté. Le troisième pas de la responsabilité serait cette présence nue, qui ne sait pas ce qu'elle apporte.

La proximité se donne aussi sur le mode de l'inquiétude[16]. En effet, si la proximité consiste d'abord à s'approcher de celui que je reconnais comme un prochain (Levinas associe la proximité à l'humanité[17]), qu'en est-il lorsque cette proximité en humanité ne va pas de soi ? C'est alors, précisément, que la proximité se fait *exposition à l'autre*, sans certitude ni assurance. Il s'agit de ne pas me dérober[18], alors même que je suis exposé à l'incertitude sur la commune humanité. Mon inavouable inquiétude peut se formuler ainsi face à la défiguration : sommes-nous encore ensemble dans l'humain ? Y a-t-il un sens à ma présence, une vertu à rester là ? La proximité de la présence, c'est persévérer à me laisser exposer à l'autre, à demeurer là, alors que sa présence m'inquiète, et que ma présence semble être sans effet pour lui. L'inquiétude révèle la tentation de mesurer les choses en termes d'utilité : « Ça ne sert à rien ». Lorsque Levinas parle de « dés-intéressement », nous pouvons entendre la capacité à demeurer sans mesurer, à être là autrement que pour répondre à un besoin tangible, repérable, que l'on viendrait satisfaire ou soulager. Être là, sans la satisfaction d'avoir bien fait, privé de la gratification d'avoir fait ce qu'il fallait faire – car on ne sait pas ce qu'il faut faire. Offrir une proximité sans attente de réponse. Accueillir ce que l'on ne peut « ni comprendre ni connaître[19] ».

La proximité pour Levinas s'oppose à la saisie[20]. Elle est une dynamique plus qu'un état : je suis toujours en cours de m'approcher d'autrui, je suis « approchant », ce mouvement me fait le prochain d'autrui. Ce

15 Emmanuel Levinas, *Autrement qu'être …*, p. 92.

16 *Ibid.*, p. 131.

17 *Cf. Ibid.*, p. 129 et p. 132.

18 *Cf. Ibid.*, p. 201.

19 *Cf.* Monique Schneider, *Cahier de l'Herne : Emmanuel Levinas*, dir. Miguel Abensour et Catherine Chalier, Biblio Poche, 1993, p. 519.

20 « La proximité ne se résout pas en la conscience qu'un être prendrait d'un autre être qu'il estimerait proche en tant que celui-ci se trouverait sous ses yeux ou à sa portée et en tant qu'il lui serait possible de se saisir de cet être, de le tenir ou de s'entre-tenir avec lui, dans la réciprocité du serrement de mains, de la caresse, de la lutte, de la collaboration, du commerce, de la conversation » (*Autrement qu'être …*, p. 132).

mouvement est associé par Levinas à la « fraternité[21] ». La fraternité serait peut-être la proximité sans ressemblance, la proximité qui se passe de réciprocité[22]. Sans réciprocité, sinon que je suis peut-être amené à accepter que l'autre, dans sa dissemblance, soit pourtant proche de moi. Nous sommes l'un à côté de l'autre. La présence silencieuse de l'autre me précède. J'entre en présence d'une présence. Et même si l'autre échappe à toute compréhension, à toute saisie, et à toute parole, cette proximité de côte à côte n'est pas sans effet de l'un sur l'autre. Si l'absence de réciprocité est aux yeux de Levinas une garantie de la dimension éthique de la relation[23] (la non-emprise de moi sur autrui), la proximité nous montre une autre modalité de la relation : la simple présence – présence de moi à l'autre, et de l'autre à moi.

« AUTRUI NOUS AFFECTE MALGRÉ NOUS »

La manifestation du visage comme simple présence d'autrui, n'est pas sans effet sur moi. L'existence d'autrui en tant qu'ultime du visage, est comme une atteinte à la quiétude de mon existence. Sa présence affecte mon existence, ma manière d'être présent. C'est le sens ultime de la formule « Autrui nous affecte malgré nous[24] », que Levinas désigne aussi comme « obsession par le prochain[25] », alternative à la réciprocité[26] : être concerné par l'autre malgré soi, et sans pouvoir attendre de l'autre un

21 *Ibid.*

22 « Ce n'est pas parce que le prochain sera reconnu comme appartenant au même genre que moi, qu'il me concerne. Il est précisément autre. La communauté avec lui commence dans mon obligation à son égard. Le prochain est frère. Fraternité irrésiliable, assignation irrécusable, la proximité est une impossibilité de s'éloigner sans la torsion du complexe – sans "aliénation" ou sans faute – insomnie ou psychisme » (*Ibid.*, p. 138).

23 « Dans cette non-réciprocité … s'annonce … *l'un pour l'autre*, relation à sens unique, ne revenant, sous aucune forme, à son point de départ, l'immédiateté de l'autre, plus immédiate que l'immédiate identité dans sa quiétude de nature, l'immédiateté de la proximité » (*Ibid.*, p. 134).

24 *Ibid.*, p. 205.

25 *Ibid.*, p. 133.

26 « Le sujet affecté par l'autre ne peut pas penser que l'affection soit réciproque » (*Ibid.*, p. 134).

quelconque retour[27], pas même la « possibilité de souffrir en commun[28] ». La tentation même de la fuite ou de la suppression d'autrui me révèle que « le prochain ne saurait me laisser indifférent[29] ».

Paradoxalement, l'exposition à autrui dans l'absence de réciprocité nous révèle une proximité grande encore : un « en commun », un fonds commun d'humanité que tout à la fois je suis tenté de fuir et qui nous lie indéfectiblement. Je quitte là Levinas, pour tenter une hypothèse que sa pensée rend possible. Face à l'autre démuni, je m'éprouve démuni moi-même. La vulnérabilité de l'autre, son exposition à la disparition, me renvoient à une expérience d'impuissance – ou plus exactement de « non toute puissance ». Dans un premier temps – dans le surgissement du dénuement de l'autre, face à la défiguration – je suis moi-même sans moyen, sans aide, sans défense face au sentiment d'inquiétante étrangeté que sa présence suscite en moi. Or, cette inquiétante étrangeté peut être d'autant plus terrifiante qu'elle renvoie à quelque chose qui fut familier, et que nous avons tendance à repousser de toutes nos forces : l'expérience de la dépendance initiale, ce que Freud appelle « la *Hilflosigkeit* archaïque et actuelle[30] ». L'angoissant, dans l'inquiétante étrangeté de l'autre, c'est précisément une certaine familiarité, une proximité malgré soi. Ce que je vois, j'en ressens « obscurément le mouvement dans des coins reculés de [ma] propre personnalité[31] ». La situation extrême de l'autre nous renvoie à notre expérience initiale de la dépendance, du nouveau-né que nous avons tous été, dont nous nous sommes affranchis par des conquêtes successives, par l'acquisition progressive de l'autonomie que revendique à toute force notre société, et à laquelle nous pouvons être prêts à tout sacrifier, jusqu'à notre vie même (préférant la mort à la perte d'autonomie, à la dépendance).

Cette situation extrême de l'autre révèle l'expérience qui a laissé en nous des traces ambivalentes : trace du soin, de la proximité et de la tendresse qui nous auront permis de subsister ; trace de l'absolue dépendance, et par revers, de l'absolu pouvoir (de l'emprise) de l'autre sur nous. Face à l'ultime du visage, je suis forcé de « quitter mon abri[32] » insulaire, ma protection de revendication d'autonomie, pour reconnaître que ce

27 *Ibid.*, p. 134 : « aller vers l'autre sans se soucier de son mouvement vers moi ».
28 *Ibid.*
29 *Ibid.*, p. 140.
30 Voir Monique Schneider, *Op. cit.*, p. 515.
31 Sigmund Freud, *L'Inquiétante étrangeté*, Folio bilingue, tr. F. Cambon, 2007, p. 107.
32 Emmanuel Levinas, *Autrement qu'être …*, p. 83.

qu'il est, est aussi en moi. L'autre, mon prochain, me révèle quelque chose sur moi-même, quelque chose que je ne veux pas savoir : que le fin mot de l'histoire, du sujet, n'est pas l'autonomie – l'exercice d'un absolu pouvoir sur soi-même – mais la dépendance. Plus exactement, l'ultime du visage révèle une vulnérabilité fondamentale, qui requiert la relation ; et conjointement, une dépendance qui est depuis toujours une interdépendance. Celui que je pouvais avoir tendance à exclure de l'humanité me révèle un fonds commun d'humanité, un fonds commun vulnérable et relationnel.

Accepter l'impuissance, la vulnérabilité dans laquelle je me trouve face à l'autre en « situation extrême », invite finalement à ne pas opposer la détresse (ou la fragilité, ou la déréliction) que j'attribue à l'autre, et ma propre détresse. La détresse que j'attribue à l'autre et ma propre détresse face à lui proviennent toutes deux d'une expérience immémoriale commune : la détresse de la dépendance initiale (*Hilflosigkeit*). Plutôt que d'en faire l'objet d'épouvante que nous redoutons, nous pouvons retrouver là le « fond(s) commun d'humanité » qui nous tient ensemble, l'expérience humaine initiale : ce qui permet de dire « nous ». En ce sens, l'inquiétante étrangeté révèle un fonds commun d'humanité. Nous sommes l'un et l'autre, l'un par l'autre, ensemble traversés par cette détresse initiale que la situation d'autrui me révèle.

Cet « en commun » de la vulnérabilité et de l'interdépendance vient nuancer l'asymétrie initiale de la relation de soin, rappelant au médecin, au soignant ou à l'accompagnant, qu'il participe de cette vulnérabilité fondamentale et de l'humaine interdépendance. L'« en commun » de la vulnérabilité vient également nuancer la radicalité – la violence – de l'asymétrie levinassienne, où je deviens otage de la souffrance de l'autre. Reste que la critique que Levinas fait du semblable – d'une ressemblance maligne qui étoufferait l'altérité d'autrui sous mes propres projections (il en va ainsi dans *Amour*, le film de Michael Haneke) – demeure une mise en garde éthique précieuse. Reconnaître que je ne sais pas ce qu'éprouve l'autre est moins un obstacle à la relation, que le garant de sa justesse. De plus, l'invitation levinassienne à tenir une proximité indépendamment de la réciprocité, garantit une forme de fraternité dans les situations extrêmes. Celui qui « n'a plus figure humaine » n'en reste pas moins le prochain dont je dois m'approcher, le frère qui rappelle la fragilité et le poids (la gloire, selon la racine hébraïque) de notre commune humanité.

Si l'ultime du visage – défiguration de l'humain en l'autre – inquiète au point de pouvoir susciter la tentation du meurtre, par le chemin de la proximité, il convoque au « nous » d'une fraternité immémoriale – fraternité d'une détresse initiale qui ne peut être laissée sans soins.

Agata ZIELINSKI
Université de Rennes 1

LIBERTÉ ET PASSIVITÉ CHEZ EMMANUEL LEVINAS ET SIMONE WEIL

Peut-on être un soignant levinassien ?

> Philosopher, c'est remonter en deçà de la liberté[1].

> N'être qu'un intermédiaire entre la terre inculte et le champ labouré, entre les données du problème et la solution, entre la page blanche et le poème, entre le malheureux qui a faim et le malheureux rassasié[2].

L'entrée de la pensée de Levinas en éthique médicale est une bouffée d'air frais pour un domaine obnubilé, depuis la fin des années 1970, par le principe d'autonomie. Là où l'éthique de l'autonomie prône le respect du droit du patient à s'autodéterminer et instaure un modèle contractuel accordant la liberté du patient à celle du soignant, l'éthique levinassienne invite au contraire à penser la relation de soins sous le mode d'une double *passivité.* Passivité du patient, qui avant d'être un sujet de droit est un humain confronté au mal absurde de la souffrance – « appel originaire à l'aide, au secours curatif, au secours de l'autre moi dont l'altérité, dont l'extériorité promet le salut[3] ». Passivité, plus inédite, du

1 Emmanuel Levinas, *Totalité et infini. Essai sur l'extériorité* (1961), La Haye, Martinus Nijhoff, 1965, p. 57.

2 Simone Weil, *La Pesanteur et la Grâce*, Paris, Plon, 1948, p. 53.

3 Emmanuel Levinas, « La souffrance inutile », *Entre nous : essais sur le penser-à-l'autre*, Paris, Grasset, 1991, p. 107-119, ici p. 109-110.

soignant face à l'« autorité désarmée mais impérative » du malade[4]. Le visage du malade m'appelle à une responsabilité infinie, sans que cette responsabilité soit librement contractée de ma part. « Dans ce "pour-autrui", relève Corine Pelluchon, n'entre aucune réflexion, positive ou négative, aucune volonté[5] ». Ainsi la rencontre avec un patient « rend compréhensible ce que Levinas écrit lorsqu'il parle de la responsabilité comme d'une "passivité plus passive que toute passivité"[6] ».

Cette éthique de la passivité tranche avec l'approche traditionnelle qui veut qu'un acte atteigne sa plénitude éthique lorsqu'il repose sur une liberté. Ordinairement en effet, un acte paraît d'autant plus parfait que d'autres possibilités moins morales se présentaient à l'agent. Dans l'éthique moderne de la liberté, c'est parce que je pouvais agir autrement que mon acte est parfaitement moral, alors que l'éthique de la passivité affirme au contraire que c'est parce que je ne pouvais pas agir autrement que mon acte est parfaitement moral. L'absence de délibération et d'engagement volontaire, la reconnaissance que ma responsabilité n'est pas prise par moi mais que je la portais toujours déjà, sont les signes les plus sûrs de la valeur d'un agir (ou, si l'on veut, d'un pâtir) moral. C'est pourquoi la liberté moderne fait l'objet chez Levinas d'une sévère critique : « La morale commence lorsque la liberté, au lieu de se justifier par elle-même, se sent arbitraire et violente[7] ».

Pour Levinas, la responsabilité est passivité car elle affecte la subjectivité malgré elle, dans sa structure fondamentale, avant même que le couple liberté/non-liberté ne prenne sens pour elle. « La responsabilité pour autrui ne peut avoir commencé dans mon engagement, dans ma décision. [...] La responsabilité où je me trouve vient d'en deçà de ma liberté [...]. Nul n'est bon volontairement[8] ». Cette responsabilité ne peut être annulée, tout comme elle ne peut pas être non plus générée par ma volonté. Autrui n'est jamais, en d'autres termes, « apprivoisé », comme l'est la rose par le Petit Prince[9]. Contrairement à ce que suppose Saint-

4 Emmanuel Levinas, « Préface » à *Hors Sujet*, Montpellier, Fata Morgana, 1987, p. 9-12, p. 12.

5 Corine Pelluchon, *L'Autonomie brisée. Bioéthique et philosophie*, Paris, Presses Universitaires de France, 2009, p. 172.

6 *Ibid.*

7 Emmanuel Levinas, *Totalité et infini*, *op. cit.*, p. 56.

8 Emmanuel Levinas, *Autrement qu'être ou au-delà de l'essence*, La Haye, Martinus Nijhoff, 1974, p. 12-13.

9 Antoine de Saint-Exupéry, *Le Petit Prince* (1943), Paris, Gallimard, Pléiade, 1959, p. 476 : « Tu deviens responsable pour toujours de ce que tu as apprivoisé. Tu es responsable de

Exupéry, je ne suis pas responsable seulement de ce que j'ai librement apprivoisé. La responsabilité est antérieure à tout apprivoisement.

Mais peut-on vraiment penser l'éthique sous le seul mode de la passivité ? Peut-on concevoir le passage d'une archi-responsabilité pré-originaire à une responsabilité concrète assumée sans faire référence à une dimension d'activité et de liberté ? Même si je suis d'emblée responsable, je peux en effet accepter ou rejeter concrètement cette responsabilité, ce qui implique nécessairement ma liberté. Comme le souligne Alain Renaut dans sa critique de Levinas : « Le projet éthique en tant qu'il passe par l'irruption de la responsabilité mobilise une référence incontournable à cet horizon d'autonomie sans la visée duquel on voit mal comment le sujet moral pourrait se penser comme en charge d'autrui[10] ».

De plus, au-delà du caractère pensable ou non de l'éthique de la passivité, sa popularisation dans les soins est-elle seulement souhaitable ? Reposant sur une conception de la subjectivité infiniment responsable et « otage d'autrui », l'éthique levinassienne ne conduit-elle pas à une surresponsabilisation du soignant ? Surresponsabilisation qui contrebalancerait certes une certaine déresponsabilisation propre à l'éthique de l'autonomie contemporaine (le patient n'étant plus qu'un client d'un médecin prestataire de services)[11], mais avec des conséquences peut-être plus lourdes. À l'heure où le personnel soignant est massivement menacé par le burn-out (souvent lié à un sentiment excessif de culpabilité et à l'endossement par le soignant d'une « fonction apostolique » écrasante[12]), n'est-il pas, précisément, *irresponsable* de faire de Levinas une référence de la formation éthique du soignant ?

ta rose… – Je suis responsable de ma rose… répéta le petit prince, afin de se souvenir. »

10 Alain Renaut, « Levinas et Kant », dans Jean-Luc Marion (éd.), *Emmanuel Levinas, Positivité et transcendance, suivi de Levinas et la phénoménologie*, Paris, Presses Universitaires de France, 2000, p. 89-104, p. 103.

11 « [Le principe d'autonomie] diminuera inévitablement le sentiment d'obligation que les autres peuvent nourrir à notre égard, et atténuera notre sentiment d'obligation à l'égard des autres. », Daniel Callahan, « Autonomy : A Moral Good, Not a Moral Obsession », *The Hastings Center Report*, 1984 (14), nr. 5, p. 40-42, ici p. 41 [« [The principle of autonomy] will inevitably diminish the sense of obligation that others may feel toward us, and shrivel our sense of obligation toward others. »].

12 Voir Michel Delbrouck, *Le Burn-out du soignant. Le syndrome d'épuisement professionnel*, Bruxelles, De Boeck, 2003, p. 48.

LE SUJET RESPONSABLE
L'éthique de Levinas comme philosophie première

Il importe de rappeler avant tout – sans quoi le projet levinassien paraît soit incompréhensible, soit scandaleux – que Levinas ne se donne pas pour mission d'élaborer une éthique au sens courant d'un ensemble de règles de comportement destinées au sujet normal. « Ma tâche, dit Levinas, ne consiste pas à construire l'éthique ; j'essaie seulement d'en chercher le sens. [...] On peut sans doute construire une éthique en fonction de ce que je viens de dire, mais ce n'est pas là mon thème propre[13] ». En élevant l'éthique au rang de philosophie première, Levinas « ontologise[14] » l'éthique : il vise à mettre au jour la condition de possibilité de toute action morale, c'est-à-dire de toute prise de responsabilité concrète[15]. Ce qui l'intéresse est donc moins l'*Après vous Monsieur !* empirique que, comme il le dit lui-même, l'« Après vous Monsieur *originel*[16] » : autrement dit l'origine, ancrée dans la subjectivité, du fait étonnant qu'il puisse y avoir une priorité d'autrui sur moi-même. Levinas s'intéresse à la préhistoire du Moi, en vue d'y discerner ce qui permet à ce Moi d'envisager ne serait-ce que la possibilité de se préoccuper d'autrui. « Pourquoi Autrui me concerne ? Que m'est Hécube ? Suis-je le gardien de mon frère ? – Ces questions n'ont de sens que si l'on a déjà supposé que le Moi n'a souci que de soi, n'est que souci de soi. Dans cette hypothèse en effet, il reste incompréhensible que le hors-de-Moi absolu – Autrui – me concerne. Or, dans la préhistoire du Moi posé pour soi, parle une responsabilité. Le soi est de fond en comble otage, plus anciennement que Ego, avant les principes[17]. »

---

13 Emmanuel Levinas, *Éthique et infini*, Paris, Fayard, 1982, p. 95-96.

14 Raphaël Lellouche, *Difficile Levinas : peut-on ne pas être levinassien ?*, Paris, Éditions de l'Éclat, 2006, p. 95.

15 C'est en ce sens qu'on peut parler à juste titre chez Levinas d'un « transcendantalisme éthique ». Voir à ce sujet Michel Vanni *L'Impatience des réponses : l'éthique d'Emmanuel Levinas au risque de son inscription pratique*, Paris, Édition CNRS, 2004, p. 78-81.

16 « C'est un "Après vous, Monsieur !" originel que j'ai essayé de décrire. » (Emmanuel Levinas, *Éthique et infini*, *op. cit.*, p. 94).

17 Emmanuel Levinas, *Autrement qu'être*, *op. cit.*, p. 150.

Quand Levinas qualifie le sujet de responsable, d'otage d'autrui, voire de « responsable de la persécution qu'il subit[18] », sa thèse est avant tout phénoménologique et descriptive – même si la teneur de cette description fait éclater les catégories du descriptif et du prescriptif. Cette thèse vise à mettre au jour la « structure essentielle, première, fondamentale de la subjectivité[19] ». Levinas soutient que « c'est dans l'éthique entendue comme responsabilité que se noue le nœud même du subjectif » et que la responsabilité « n'est pas un simple attribut de la subjectivité, comme si celle-ci existait déjà en elle-même, avant la relation éthique », mais sa définition même. La subjectivité est « initialement pour un autre[20] ». Quand Levinas dit que la subjectivité est responsable, il faut donc l'entendre comme René Descartes qui dit que le sujet est *res cogitans*, comme Edmund Husserl qui dit que la conscience a d'emblée un rapport intentionnel à des objets de conscience, ou comme Martin Heidegger qui dit que le *Dasein* est être-au-monde.

Pourquoi Levinas élève-t-il la responsabilité au rang de structure fondamentale de la subjectivité ? Heidegger, dans son analytique du *Dasein*, thématisait déjà la *Fürsorge* ou sollicitude, mais celle-ci n'était qu'un existential parmi d'autres. La sollicitude pour autrui, quand elle se matérialise en dispensation de soins, nourriture et vêtements, était même ravalée par Heidegger à un mode « déficient » de la *Fürsorge*[21]. Pour comprendre l'originalité levinassienne, il faut s'attarder sur le renversement qu'il fait subir à la phénoménologie classique, tout en restant pour une part fidèle à ses méthodes. Occasion de répéter une fois de plus que Levinas est inintelligible sans une connaissance préalable des fondements de la phénoménologie husserlienne et/ou heideggérienne !

En Levinas reste profondément ancré le principe fondamental de la phénoménologie, l'idée husserlienne d'un « *a priori* corrélationnel[22] » :

18 Emmanuel Levinas, *De Dieu qui vient à l'idée*, Paris, Vrin, 1992, p. 135.

19 Emmanuel Levinas, *Éthique et infini*, *op. cit.*, p. 101.

20 *Ibid.*, p. 101-103.

21 Martin Heidegger, *Être et temps* (1927), traduit par Emmanuel Martineau, Paris, Éditions Authentica, 1985, p. 111 [*Sein und Zeit*, Tübingen, Max Niemeyer Verlag, 2006, 19e édition, p. 121]. Voir à ce sujet Jean-Luc Marion, « La substitution et la sollicitude. Comment Levinas reprit Heidegger », dans Revue Pardès, numéro édité par Shmuel Trigano et Danielle Cohen-Levinas, *Emmanuel Levinas et les théologies*, 2007 (42), nr. 1, p. 123-141, p. 127.

22 Edmund Husserl, *La Crise des sciences européennes et la phénoménologie transcendantale* (1952), traduit par Gérard Granel, Paris, Gallimard, 1976, note 1, p. 189 : « La première percée de

le rapport intentionnel de la conscience à des objets de conscience est le fait premier sur la base duquel se construit le discours philosophique. Seulement, Levinas reproche premièrement à l'intentionnalité husserlienne d'être une expression supplémentaire du primat de l'attitude connaissante du sujet, attitude synonyme chez Levinas de volonté de possession et de maîtrise. Levinas reprend ici à son compte la critique du philosophe Martin Buber, qui oppose le rapport de connaissance sujet-objet ou Je-Cela (qui domine l'histoire de la philosophie) au rapport du sujet à autrui, le Je-Tu[23]. L'idée de Buber, que Levinas réinterprétera également à sa manière, est que c'est dans cette dimension de la rencontre avec un Tu que le sujet se constitue comme tel[24].

Deuxièmement, critique liée à la première, Levinas reproche à l'intentionnalité husserlienne de ne présenter qu'un simulacre de relation à une altérité. Dans son rapport connaissant, c'est-à-dire aussi possessif, aux objets de conscience, le sujet ne rencontre en définitive que lui-même. Comme Levinas l'écrit dans *Le Temps et l'Autre* : « L'objet éclairé est à la fois quelque chose qu'on rencontre, mais du fait même qu'il est éclairé, on le rencontre comme s'il sortait de nous. [...] C'est avec moi-même que je me retrouve dans la connaissance et dans la jouissance. L'extériorité de la lumière ne suffit pas à la libération du moi captif de soi. [...] L'objectivité du savoir rationnel n'enlève rien au caractère solitaire de la raison[25] ».

Pour Levinas, l'enchaînement à soi du sujet n'est rompu que par la rencontre du visage d'autrui, qui assigne ce sujet à une responsabilité infinie. Cette relation à l'altérité n'est pas, Levinas y insiste, une relation de réciprocité comme chez Buber, où le Je et le Tu se reconnaîtraient mutuellement et se constitueraient mutuellement comme sujets. L'irruption du visage institue une relation asymétrique, où le sujet est d'emblée responsable d'autrui, quelle que soit l'attitude de cet autrui à son égard. Toute relation véritable signifie donc une mise entre

---

cet *a priori* corrélationnel universel de l'objet d'expérience et de ses modes de donnée [...] me frappa si profondément que depuis le travail de toute ma vie a été dominé par cette tâche d'élaboration de l'a priori corrélationnel. » [*Die Krisis der europäischen Wissenschaften und die transzendantale Phänomenologie*, Den Haag, Nijhoff, 1952, § 48].

23 Martin Buber, *Je et Tu* (1923), traduit par Geneviève Bianquis, Paris, Aubier, 1992.

24 Voir à ce sujet Agata Zielinski, *Levinas : la responsabilité est sans pourquoi*, Paris, Presses Universitaires de France, 2004, p. 31-39.

25 Emmanuel Levinas, *Le Temps et l'autre* (1948), Paris, Presses Universitaires de France, « Quadrige », 2011, 10e édition, p. 47-48.

parenthèses de l'attitude connaissante et de la propension naturelle à jouir des objets du monde, caractéristique pour Levinas de la liberté. La relation à autrui ne peut se penser que par opposition au *conatus essendi*, terme que Levinas reprend à Baruch Spinoza et qui signifie la tendance de toute chose à persévérer dans son être[26]. Bref, de même que chez Husserl toute conscience est d'emblée conscience d'objet, de même pourrait-on dire que chez Levinas toute conscience est d'emblée « mauvaise conscience » : impossibilité de laisser libre cours à son propre *conatus*, remise en cause de sa « place au soleil », nécessité de « répondre de son droit à l'être[27] ».

Liberté et responsabilité se voient ainsi radicalement opposées : la responsabilité caractérise la relation à une véritable altérité, la sortie du sujet hors de lui-même, alors qu'en exerçant sa liberté le sujet retombe sur lui-même dans sa connaissance et sa jouissance du monde : « Le processus de la connaissance se confond à ce stade avec la liberté de l'être connaissant[28] ». Alors qu'une théorie classique de la responsabilité rattache d'une manière ou d'une autre celle-ci à la liberté, ne serait-ce que pour penser l'acceptation de cette responsabilité, Levinas peut affirmer au contraire : « Le prochain me concerne avant toute assomption, avant tout engagement consenti ou refusé. Je suis lié à lui – qui cependant est le premier venu, sans signalement, dépareillé, avant toute liaison contractée[29] ».

Mais un problème se pose à ce stade, dès lors qu'il s'agit de construire une éthique « pratique » à partir de cette phénoménologie. Si la responsabilité doit être comprise comme la structure fondamentale du sujet, en deçà de sa liberté, comment penser le rapport de cette archi-responsabilité pré-originaire à la responsabilité concrète et assumée ? Même s'il est d'emblée responsable, un sujet peut cependant choisir d'assumer cette responsabilité ou au contraire la rejeter. Or, comment penser ce choix autrement qu'en termes de liberté ? Il semble bien qu'il faille

26 Baruch Spinoza, *Éthique* (1677), III, Proposition 6, traduit par Armand Guérinot, Paris, Ivrea, 1993, p. 213.

27 Emmanuel Levinas, « La conscience non-intentionnelle », dans Id., *Entre nous*, *op. cit.*, p. 148 : « Dans la passivité du non-intentionnel [...] se met en question la justice même de la position dans l'être qui s'affirme avec la pensée intentionnelle [...] : être comme mauvaise conscience ; être en question, mais aussi à la question, avoir à répondre [...], avoir à répondre de son droit à l'être. »

28 Emmanuel Levinas, *Totalité et infini*, *op. cit.*, p. 12.

29 Emmanuel Levinas, *Autrement qu'être*, *op. cit.*, p. 109.

dire, avec Renaut, que la responsabilité assumée suppose un « horizon d'autonomie[30] », ne serait-ce que pour expliquer qu'il y ait des saints et des criminels autrement que par une providence hasardeuse.

Levinas admet lui-même implicitement la distinction entre ces deux niveaux de la responsabilité[31]. Mais au moment de décrire la moralité concrète et empirique, il conserve un vocabulaire de la passivité. Tout se passe comme si la passivité de l'archi-responsabilité pré-originaire impliquait la passivité de l'assomption concrète de la responsabilité. Levinas affirme en effet non seulement que nul n'est responsable volontairement, mais aussi que « nul n'est bon volontairement[32] ». Par ce renversement de l'adage socratique, Levinas suggère que la bonté elle-même exclut une dimension de liberté. La liberté, trop liée au *conatus*, est chez Levinas incompatible avec l'agir moral, qu'il faudrait peut-être qualifier plus justement de pâtir moral. C'est en deçà de sa liberté que l'homme est responsable et, aussi étrange que cela puisse paraître, c'est semble-t-il *aussi* en toute passivité qu'il assume cette responsabilité. Comme le fait remarquer Nathalie Maillard : « De l'affection-par-l'autre au donner-à-l'autre, il n'y a en fait pour Levinas qu'une seule séquence : c'est sous le signe de la même passivité que se déclinent les modalités diverses de la proximité[33] ».

Cette idée paraît difficile à suivre. Comment un sujet pourrait-il accepter passivement une responsabilité sans que cette acceptation lui soit imputée ? Il faudrait, pour suivre Levinas jusqu'au bout, imaginer une dimension de la libre activité dont l'exercice ne contredirait pas la passivité de l'acte. Autrement dit, une activité libre qui consisterait en son propre effacement ; une acceptation de la responsabilité par un sujet qui s'ôterait tout mérite, et même toute participation dans cette acceptation. Pour penser un tel type d'activité, je me propose d'examiner le concept d'attention chez Simone Weil, qui me paraît répondre à ces exigences à première vue contradictoires.

30 Voir Alain Renaut, « Levinas et Kant », *op. cit.*, p. 103.

31 Emmanuel Levinas, « Philosophie, Justice et Amour », *Entre nous*, *op. cit.*, p. 132 : « Il est évident qu'il y a dans l'homme la possibilité de ne pas s'éveiller à l'autre ; il y a la possibilité du mal. » Voir aussi *Éthique et infini*, *op. cit.*, p. 103 : « Le lien avec autrui ne se noue que comme responsabilité, que celle-ci, d'ailleurs, soit acceptée ou refusée, que l'on sache ou non comment l'assumer, que l'on puisse ou non faire quelque chose de concret pour autrui. »

32 Emmanuel Levinas, *Autrement qu'être ...*, *op. cit.*, p. 12-13.

33 Nathalie Maillard, *La Vulnérabilité : une nouvelle catégorie morale ?*, Genève, Labor et Fides, 2011, p. 341.

SIMONE WEIL ET L'ATTENTION

Les rapports d'Emmanuel Levinas à la figure de Simone Weil sont assez tendus. Levinas lui consacre un article, « Simone Weil contre la Bible », où malgré une admiration sincère transparaît un agacement à l'égard de ses déclarations hostiles au judaïsme. Pour Levinas, « Simone Weil hait la Bible » (c'est-à-dire l'Ancien Testament) et elle a « ignoré royalement » le judaïsme[34]. Cependant, au-delà de ces dissensions théologiques, Weil formule une éthique de la passivité très proche de celle de Levinas, en quelques aphorismes dans ses cahiers des années 1940-1942 réunis par Gustave Thibon sous le titre *La Pesanteur et la Grâce.*

Pour Weil, l'acte moral résulte d'une obéissance à un commandement. Le sentiment qu'on ne peut pas faire autrement, l'abdication de toute volonté caractérise l'acte parfaitement bon. « Agir, non *pour* un objet, mais *par* une nécessité. Je ne peux pas faire autrement. Ce n'est pas une action, mais une sorte de *passivité.* Action non agissante[35] ».

Weil va plus loin encore que Levinas en renonçant à la distinction sujet-objet dans la description de l'acte parfaitement bon. Dans son action non agissante, le sujet se fait lui-même objet ou chose. Le modèle de la moralité est l'« esclave » ou la « matière[36] ». L'acte moral peut dès lors parfaitement se décrire sous l'angle de la cause efficiente. « Pour tout acte, le considérer sous l'aspect non de l'objet, mais de l'impulsion. Non pas : à quelle fin ? Mais : d'où cela vient-il[37] ? ». L'acte d'un sujet parfaitement bon n'a pas de cause finale. Ce sujet renonce à agir, même pour une bonne cause, même pour Dieu. « Ne pas aller au prochain pour Dieu, mais être poussé par Dieu vers le prochain comme la flèche vers le but par l'archer[38] ». À l'autonomie kantienne, Weil oppose une morale de l'hétéronomie absolue. L'extériorité totale du mobile, signe chez Kant d'une impulsion affective incompatible avec la moralité,

34 Emmanuel Levinas, « Simone Weil contre la Bible », dans Id., *Difficile Liberté : essais sur le judaïsme* (1976), Paris, Librairie Générale Française, Le Livre de Poche, 1984, p. 189-200, p. 189-190.

35 Simone Weil, *La Pesanteur et la Grâce, Op. cit.*, p. 51.

36 *Ibid.*

37 *Ibid.*

38 *Ibid.*, p. 52.

apparaît à Weil bien au contraire comme la condition de la nécessaire destitution du sujet libre. « Transporter hors de soi les mobiles de ses actions. Être poussé. Les motifs tout à fait purs (ou les plus vils : toujours la même loi) apparaissent comme *extérieurs*[39] ». Pour rendre compte de son acte, il suffirait au sujet de décrire l'état de choses qui l'a poussé vers l'action. Toute référence à un horizon de délibération ou d'intentionnalité signalerait une perte de l'extériorité du commandement. L'acte moral est accompli par le sujet *malgré lui* :

> J'étais nu et vous m'avez habillé. Ce don est simplement le signe de l'état où se trouvaient les êtres qui ont agi de la sorte. Ils étaient dans un état tel qu'ils ne pouvaient pas s'empêcher de nourrir ceux qui avaient faim, d'habiller ceux qui étaient nus ; ils ne le faisaient aucunement pour le Christ, ils ne pouvaient pas s'empêcher de le faire parce que la compassion du Christ était en eux. Comme saint Nicolas allant avec saint Cassien à travers la steppe russe à un rendez-vous avec Dieu ne pouvait pas s'empêcher de manquer l'heure du rendez-vous pour aider un moujik à dégager sa voiture embourbée. Le bien accompli ainsi presque malgré soi, presque avec honte et remords, est pur. Tout bien absolument pur échappe complètement à la volonté[40].

Tout l'intérêt de cette éthique weilienne de la passivité est qu'elle décrit également les *conditions* du renoncement à la volonté propre, ou de transition d'un sujet libre à un sujet-chose. Ainsi comble-t-elle ce qui demeure à mon avis un manque chez Levinas, davantage intéressé par la responsabilité pré-originaire ou transcendantale. Le concept-clé est ici l'*attention.* Ce terme signifie chez Weil l'attitude permettant au sujet de s'exposer au commandement et de se découvrir soi-même comme étant absolument tenu d'exécuter une action, au point même ou ce n'est plus lui qui exécute l'action, mais la nécessité de l'action qui l'anime presque malgré lui. Une attention au monde correctement dirigée fait découvrir progressivement au sujet qu'il y a un nombre toujours plus grand d'actes qu'il ne peut pas ne pas accomplir. Weil écrit : « Faire seulement, en fait d'actes de vertu, ceux dont on ne peut pas s'empêcher, ceux qu'on ne peut pas ne pas faire, mais *augmenter sans cesse par l'attention bien dirigée la quantité de ceux qu'on ne peut pas ne pas faire*[41] ».

39 *Ibid.*, p. 51.
40 *Ibid.*, p. 51-52.
41 *Ibid.*, p. 50. Je souligne.

Il est impossible à quiconque, qu'il soit saint ou bandit, de ne pas donner à boire à un blessé mourant de soif près d'un point d'eau. Mais, dit Weil, celui qui dirige suffisamment son attention découvre progressivement, par la force de cette attention, que beaucoup d'actes sont tout aussi impératifs[42]. Ainsi, à la question de savoir comment on peut assumer une responsabilité sans faire référence à un horizon d'autonomie, Weil permet de répondre : en se mettant, tout simplement, dans un état tel qu'il est impossible de ne pas assumer cette responsabilité.

On peut bien sûr objecter que je peux *décider* d'exercer ou non ma faculté d'attention. Cela suppose une liberté, et on ne ferait alors que repousser le problème. La réponse à cette objection est qu'il ne s'agit pas, dans une éthique de la passivité, de nier l'existence de la liberté, ou même de nier qu'il existe une bonne et une mauvaise façon de l'exercer. Mais il s'agit seulement de reconnaître que *l'acte moral n'est pas imputable à cette liberté.* De ce point de vue, il y a une différence entre dire que je consens librement à ma responsabilité et dire que je décide librement de porter mon attention sur les situations qui vont, elles, me contraindre à agir. Dans le premier cas, j'aurais pu ne pas accepter ma responsabilité, j'ai en ce sens un mérite moral. Je reste libre d'obéir au commandement. Dans le second cas, l'acceptation de ma responsabilité échappe totalement à mon pouvoir. Ici, ma liberté n'est à l'œuvre ni dans la constitution de la responsabilité, ni dans son acceptation. C'est dans ce second cas que l'acte moral peut être dit pleinement passif.

Le concept weilien d'attention n'est pas sans évoquer certaines références classiques de l'éthique médicale. La dimension de l'attention au malade est souvent décrite comme la première étape du soin conditionnant les suivantes. Dans son éthique du *care*, Joan Tronto distingue quatre phases du soin, dont la première, le *caring about* (« se soucier de »), requiert la faculté d'attention du soignant en vue d'orienter son activité. Le *caring about* rend possible la reconnaissance de l'existence d'un besoin[43]. Chez le psychiatre et philosophe Viktor von Gebsattel, le premier des trois

42 *Ibid.*, p. 50 : « Il y a des cas où une chose est nécessaire du seul fait qu'elle est possible. Ainsi manger quand on a faim, donner à boire à un blessé mourant de soif, l'eau étant tout près. Ni un bandit ne s'en abstiendrait ni un saint. Par analogie, discerner les cas où, bien que cela n'apparaisse pas aussi clairement à première vue, la possibilité implique une nécessité. Agir dans ces cas et non dans les autres. »

43 Joan Tronto, *Un monde vulnérable : pour une politique du care*, traduit par Hervé Maury, Paris, La Découverte, 2013, p. 147-148.

niveaux de la relation médicale, le niveau dit de la *sympathie*, consiste également en une attention à la douleur d'autrui. Cette étape préliminaire, qui permet la constatation d'un besoin, est antérieure à l'action médicale et convoque le soignant non pas en tant que professionnel, mais en tant qu'être humain en général[44].

Mais le concept d'attention au sens de Simone Weil doit être compris de manière plus radicale que chez Von Gebsattel ou Tronto. L'attention n'est pas simplement l'étape préliminaire permettant d'orienter un geste médical efficace : engageant le soignant à se dévouer corps et âme et à se faire instrument de l'impératif éthique, elle est bien plus la source de ce geste, en quelque sorte sa « cause occasionnelle » au sens de Nicolas Malebranche[45].

Mais si l'éthique de la passivité s'avère pensable, est-il pour autant souhaitable qu'elle s'applique au monde des soins ? Restreindre indéfiniment la part de liberté du soignant pour le rendre toujours plus otage de ses malades, exposé aux injonctions impérieuses des situations douloureuses qui se présentent à lui, ne semble pas être le but de l'éthique médicale. On touche ici au reproche, souvent adressé à Levinas, d'un délire de responsabilité, de l'expression dangereuse d'un sentiment maladif de culpabilité, de la représentation accablante d'un péché originel sans rédemption. L'opposition de la responsabilité au *conatus* ne condamne-t-elle pas d'emblée toute tentative de conciliation entre exigences morales et droit du sujet à persévérer dans son être ?

Weil n'hésite pas à tirer cette conséquence, de manière plus radicale encore que Levinas[46]. Dans sa vie d'abord, faite de privations, de

44 Viktor Von Gebsattel, « The meaning of medical practice », *Theoretical Medicine*, 1996 (16), nr. 1, p. 41-72, p. 67.

45 Selon l'occasionalisme de Malebranche, la véritable cause efficiente de toute action humaine est Dieu, à qui l'homme ne fournit, par sa volonté, que l'occasion d'agir. Cette thèse permet notamment à Malebranche d'expliquer l'interaction entre l'âme immatérielle et les mouvements du corps. Nicolas Malebranche, *XVe Eclaircissement sur la Recherche de la Vérité*, dans *Œuvres I*, édité par Geneviève Rodis-Lewis, Paris, Gallimard, Pléiade, 1979, p. 969-1014.

46 Levinas est plus prudent à ce sujet : à la question de Philippe Nemo, « Irez-vous jusqu'à dire que vous n'avez pas le droit de vivre ? », il répond : « Je ne veux nullement enseigner que le suicide découle de l'amour du prochain et de la vie vraiment humaine. Je veux dire qu'une vie vraiment humaine ne peut rester vie satisfaite dans son égalité à l'être, vie de quiétude, qu'elle s'éveille à l'autre [...] que l'être n'est jamais sa propre raison d'être, que le fameux *conatus essendi* n'est pas la source de tout droit et de tout sens. », *Éthique et infini*, *Op. cit.*, p. 131-132.

recherche de la souffrance, d'un travail physique harassant jusqu'à la perte de conscience, vie qui se termine à 34 ans, peut-être des suites d'un refus prolongé de s'alimenter[47]. Dans son œuvre aussi : la *Pesanteur et la Grâce* affirme en effet la nécessaire destruction de l'*ego* et la négation du droit à être. « Nous ne possédons rien au monde – car le hasard peut tout nous ôter – sinon le pouvoir de dire je. C'est cela qu'il faut donner à Dieu, c'est-à-dire détruire. [...][48] » « Dieu ne peut aimer que soi-même. Son amour pour nous est amour pour soi à travers nous. Ainsi, lui qui nous donne l'être, il aime en nous le consentement à ne pas être [...] Perpétuellement, il mendie auprès de nous cette existence qu'il nous donne. Il nous la donne pour nous la mendier[49] ». La mort de Simone Weil pose la question des contradictions d'un altruisme total. Nietzsche notait déjà : « Que si pourtant un homme désirait être tout amour comme ce Dieu, ne rien faire, ne rien vouloir pour soi, mais tout pour les autres, c'est chose déjà impossible pour la simple raison qu'il est obligé de faire *énormément* pour soi s'il veut pouvoir faire tant soit peu pour autrui[50] ». Après tout, si comme le dit Levinas « le donner n'a de sens que comme [...] arracher le pain à la bouche[51] », il n'en reste pas moins qu'un être humain qui ne mange pas ne peut plus donner, et pour cause !

Mais plus profondément encore, l'exemple de Weil pose la question de la pertinence d'une éthique de la passivité faisant totalement abstraction du *conatus*. Serait-il possible de proposer une éthique de la passivité qui reconnaisse à l'homme un légitime désir d'occuper une place au soleil, un appartement, un emploi que quelqu'un d'autre n'aura pas ? Quant au soignant, peut-il se nourrir des signes de gratitude de ses patients, prendre du plaisir dans son activité, rire avec ses collègues ? Peut-il légitimement aspirer dans sa vie privée aux loisirs et aux vacances ? Dans un commentaire talmudique, Levinas dit que « la distraction est le Mal » car « c'est parce qu'on peut aller au café se détendre qu'on supporte les

47 Voir Tanya Loughead, « Two Slices from the Same Loaf ? Weil and Levinas on the Demand of Social Justice », *Ethical Perspectives : Journal of the European Ethics Network*, 2007 (14), nr. 2, p. 117-138, ici p. 118.

48 Simone Weil, *La Pesanteur et la Grâce*, *op. cit.*, p. 29.

49 *Ibid.* p. 36.

50 Friedrich Nietzsche, *Humain trop humain : un livre pour les esprits libres* (1878), traduit par Robert Rovini, vol. 1 des *Œuvres philosophiques complètes*, Giorgio Colli et Mazzino Montinari (éd.), Paris, Gallimard, 1968, p. 108.

51 Emmanuel Levinas, *Autrement qu'être*, *Op. cit.*, p. 93.

horreurs et les injustices d'un monde sans âme[52] ». J'aimerais, dans cette dernière partie, argumenter pour le droit d'aller au café tout en tenant compte de la thèse de l'archi-responsabilité.

LA RESPONSABILITÉ INFINIE ET LE CONATUS

C'est peut-être en raison de sa radicalité difficilement supportable, et pas seulement à cause de sa difficulté spéculative, que la philosophie de Levinas est souvent affadie ou édulcorée. L'ouverture à l'Autre, le visage ou la responsabilité servent alors de mots-clés passe-partout signifiant, en gros, l'importance de se préoccuper d'autrui dans la mesure du possible. Hors cette porte de sortie, bien éloignée de la pensée de Levinas, deux voies s'offrent pour fonder une éthique intégrant le *conatus.*

Premièrement, on peut nier purement et simplement l'idée d'une responsabilité pré-originaire et fonder l'éthique exclusivement sur le *conatus.* Une telle approche concevrait la responsabilité uniquement en tant que responsabilité *contractée.* Toutes les limitations imposées à la liberté individuelle découleraient de la nécessité de la faire cohabiter avec celle des autres. C'est le propre du contractualisme de type hobbésien, où la nécessité des lois repose sur le besoin individuel d'assistance et de protection. La limitation du *conatus* serait ainsi justifiée en dernière instance par le *conatus* lui-même. Comme le résume Catherine Chalier à propos de Hobbes : « L'origine de la paix entre les hommes – paix qui se fonde sur le renoncement à l'illimité du désir de puissance et qui s'arrime à une négociation intéressée – ne se compromettrait en rien avec le souci du bien commun, encore moins avec la générosité ou la préoccupation envers les faibles et les offensés de ce monde, elle viendrait de l'évidence que seule la cessation de la violence a chance de préserver les intérêts de chacun, d'assurer la conservation des uns et des autres, des uns face aux

52 Emmanuel Levinas, *Du sacré au saint. Cinq nouvelles lectures talmudiques*, Paris, Minuit, 1977, p. 41-42. Levinas écrit encore : « Le café n'est pas un lieu, c'est un non-lieu pour une non-société, pour une société sans solidarité, sans lendemain, sans engagement, sans intérêts communs, société du jeu. »

autres[53] ». Mais réduire la responsabilité à celle prise lors d'un contrat, réel ou imaginaire, qui satisfait finalement mon égoïsme, n'est-ce pas oublier que je me sens également responsable de personnes extérieures à tout contrat que j'aurais pu passer, l'étranger, l'inconnu ? N'est-ce pas nier également que mon sentiment de responsabilité est asymétrique, c'est-à-dire qu'il s'applique même aux personnes qui n'assumeraient pas la même responsabilité à mon égard ? Enfin, ne doit-on pas reconnaître que la responsabilité n'est pas constituée subjectivement, mais est découverte bien plutôt comme étant toujours déjà présente ?

La deuxième voie consisterait à reconnaître l'existence de la responsabilité au sens de Levinas mais à limiter son étendue et sa radicalité. Cependant, on peut s'interroger sur la validité de cette limitation. Levinas la qualifie d'hypocrite[54]. De fait, selon quel critère pourrait-on exclure une part de l'humanité des personnes de qui j'ai à répondre ? Sans aller forcément jusqu'à étendre la responsabilité levinassienne au monde animal comme le propose Corine Pelluchon[55], il semble impossible de dire qu'il y aurait certains êtres humains dont la souffrance ne remettrait pas en cause d'une manière ou d'une autre mon droit à jouir de la vie. Je ne partage pas la critique de Raphaël Lellouche, pour qui « la passivité originaire et hyperbolique de Levinas est un mythe qui n'a aucun fondement phénoménologique[56] ». Il me semble au contraire – et c'est bien là tout le problème – que cette affirmation est phénoménologiquement correcte. L'impossibilité de concilier la responsabilité infinie avec le *conatus* ne doit pas conduire à nier le caractère infini de la responsabilité, ni son ancrage au plus profond de la subjectivité humaine.

L'écrivain Emmanuel Carrère exprime bien l'embarras devant les injonctions contradictoires de la responsabilité et du *conatus*. Carrère parle de son appartement « dans le Xe arrondissement, dont la population se partage entre Arabes et Pakistanais qui tiennent d'industrieux petits commerces, Kurdes et Afghans qui zonent autour de la gare du Nord en espérant passer en Angleterre, marginaux et clochards de nationalités diverses qui pissent contre les murs, enfin bobos comme nous ».

53 Catherine Chalier, *La Persévérance du mal*, Paris, Cerf, 1987, p. 69.

54 Emmanuel Levinas, *Éthique et infini*, *Op. cit.*, p. 112 : « À aucun moment, personne ne peut dire : j'ai fait tout mon devoir. Sauf l'hypocrite… »

55 Voir Corine Pelluchon, « Levinas et l'éthique médicale », *Cahiers d'Études Levinassiennes*, 2010 (9), p. 239-256, p. 254.

56 Raphaël Lellouche, *Difficile Levinas*, *Op. cit.*, p. 83.

Carrère poursuit : « Si demain un décret m'ordonnait de n'occuper avec ma famille qu'une pièce de ce bel appartement et de céder les autres à ces hordes de Kurdes ou d'Afghans qui campent dans la rue, quatre étages plus bas, je trouverais ça éminemment désagréable, je chercherais à m'en aller et à m'organiser ailleurs, si c'est encore possible, une vie conforme à mes goûts, mais je n'arriverais pas à considérer la mesure qui me lèse comme *injuste*[57]. » Cette position, qui semble à première vue d'une parfaite mauvaise foi, exprime bien, au fond, la situation de tout individu face aux deux exigences contradictoires. Quand bien même nous ne trouverions pas injuste qu'on nous exproprie pour accueillir des migrants, car nous nous sentons responsables à leur égard, nous nous sentons néanmoins incapables de leur sacrifier volontairement (en tout cas pas totalement) notre bien-être. Sur cette base, ne pourrait-on pas dire qu'il est aussi arbitraire d'exclure le *conatus* de la constitution fondamentale du sujet que d'en exclure la responsabilité ? En toute rigueur descriptive, ne devrait-on pas reconnaître un caractère fondamental au *conatus ?* Son exclusion chez Levinas me semble questionnable.

Levinas se livre à une analyse remarquable de la jouissance, fondée comme souvent sur une réinterprétation de Heidegger. Les objets que nous rencontrons ne sont pas primairement des étants maniables (*Zuhandene*), intégrés à un ensemble d'outils manipulables par le sujet comme le disait Heidegger, ni encore des étants présents (*Vorhandene*) auxquels le sujet se rapporte comme à des objets de connaissance, mais ils sont avant tout des *nourritures*[58]. Ces nourritures sont la finalité de l'action : l'homme vit en tant qu'il les consomme. Celles-ci ne sont donc pas le moyen, mais la fin du vivre. « Quand on respire une fleur, c'est à l'odeur que se limite la finalité de l'acte. Se promener, c'est prendre l'air, non pour la santé, mais pour l'air[59] ». La vie ne consiste pas à « rechercher et à consumer les carburants fournis par la respiration et la nourriture », mais à se complaire dans ses propres besoins. L'analyse de la jouissance chez Levinas se construit ainsi en contrepoint de l'analyse du rapport aux *Zuhandene* chez Heidegger. Mais là où la phénoménologie heideggérienne

57 Emmanuel Carrère, *Il est avantageux d'avoir où aller*, Paris, P.O.L., 2016, p. 426-427.

58 Emmanuel Levinas, *Le Temps et l'autre*, *Op. cit.*, p. 45 : « Ce qui semble avoir échappé à Heidegger – s'il est vrai toutefois que quelque chose ait pu échapper à Heidegger en ces matières – c'est qu'avant d'être un système d'outils, le monde est un ensemble de nourritures ».

59 *Ibid.*, p. 45-46.

intègre à la structure du souci (*Sorge*) le rapport du *Dasein* aux étants maniables, la phénoménologie levinassienne disqualifie au contraire la jouissance et lui ôte d'une certaine manière son caractère de structure fondamentale du sujet. La morale des « nourritures terrestres » est pour Levinas une « première morale » qu'il s'agit de dépasser[60]. Comment se justifie cette exclusion ?

La position de Levinas sur la jouissance doit être comprise à partir de la réflexion de *Totalité et Infini*, qui présente la guerre comme la conséquence irrémédiable de la logique des *conatus*. À cela est lié le fait que Levinas pense la valeur éthique de la jouissance toujours négativement. La jouissance vaut toujours en tant que sacrifiée. Elle est ce à quoi on renonce quand on se donne à l'autre, elle est ce qui est nié dans l'abnégation. « Le donner n'a de sens que comme arracher à soi malgré soi à la complaisance en soi de la jouissance ; arracher le pain à la bouche. Seul un sujet qui mange peut être pour-l'autre ou signifier[61] ». Mais cette exclusion du *conatus* de la structure fondamentale du sujet me paraît davantage morale que phénoménologique. La posture descriptive qui autorise Levinas à penser une responsabilité illimitée sans la modérer par des considérations pratiques devrait aussi le conduire à intégrer la jouissance à la structure fondamentale du sujet, peu importe l'immoralité concrète possible du *conatus.* La position la plus libre de préjugés est peut-être d'admettre que l'homme est pris d'emblée entre deux commandements inconciliables. De dire, dans le style d'une antithèse héraclitéenne[62], que *nous sommes infiniment responsables et nous ne le sommes pas.*

Naturellement, concevoir l'éthique fondamentale comme essentiellement contradictoire n'empêche pas de dire qu'une *éthique pratique des vertus* peut, elle, chercher la *cohérence*, en faisant les nécessaires compromis entre les injonctions du *conatus* et de la responsabilité. Signifierait-elle un affadissement de la responsabilité infinie, une trahison de ses exigences ? Certainement, mais on peut trouver chez Levinas lui-même

60 Emmanuel Levinas, *Le Temps et l'autre, Op. cit.*, p. 46.

61 Emmanuel Levinas, *Autrement qu'être, Pp. cit.*, p. 93.

62 Héraclite, fragment 32 (numérotation Diels-Kranz), traduit par Marcel Conche, Paris, Presses Universitaires de France, 1986, p. 243 : « L'Un, le Sage, ne veut pas et veut être appelé seulement du nom de Zeus. ». Fragment 49a (Diels-Kranz), *ibid.*, p. 455 : « Nous entrons et nous n'entrons pas dans les mêmes fleuves ; nous sommes et nous ne sommes pas ».

les modalités de cette nécessaire trahison, lui qui a admis la possibilité de « comparer l'incomparable[63] » pour répondre à l'exigence de justice. En décrivant l'irruption du tiers, Levinas a déjà ouvert la porte à un calcul qui m'autorise à priver autrui de ce qui lui reviendrait de plein droit (en l'occurrence un sacrifice total de ma part). La trahison de ma responsabilité illimitée pour une personne ne se fait bien sûr ici qu'au nom de ma responsabilité illimitée pour d'autres personnes. Le calcul ne remet pas en cause le sacrifice de moi-même, il ne fait que préciser la manière dont ce sacrifice doit avoir lieu. Mais il doit être aussi possible, au plan d'une éthique pratique, d'intégrer à ce calcul l'aspiration individuelle à la joie d'être.

L'éthique levinassienne propose donc au soignant une alternative au principe d'autonomie. C'est une éthique *hétéronome* : elle met en évidence la passivité du malade confronté à la souffrance et la passivité du soignant face à l'exigence éthique. Pour Levinas, l'acte véritablement éthique n'est pas le résultat d'une libre décision, encore moins d'un contrat, il est la réponse à un appel, l'obéissance à un commandement. À condition d'être rempli d'attention, comme le dit Simone Weil, le soignant se dépouille de sa propre volonté : il n'agit pas pour un but mais par la force de la situation éthique, presque « malgré lui ». En cela, on peut dire qu'il se fait esclave ou otage d'autrui. Il est toutefois dangereux d'affirmer que l'éthique se borne à constater cette responsabilité infinie et cette abdication de la liberté. La tâche de l'éthique semble bien plutôt de concilier l'attention à autrui et l'attention à soi-même, d'articuler la responsabilité pour autrui au *conatus* individuel. La philosophie de Levinas ne peut donc pas être importée dans le milieu médical sans discernement. L'éthique des soins doit à tout prix éviter d'exiger l'autosacrifice du soignant et valoriser l'attention à ses propres besoins et limites.

Pierre-Yves MEYER
Université de Fribourg (Suisse)

63 Emmanuel Levinas, *Éthique et infini*, *op. cit.*, p. 95.

PHÉNOMÉNOLOGIE DE LA SOUFFRANCE

D'une vulnérabilité à l'Autre

UNE ÉTHIQUE DE LA SOUFFRANCE

La douleur est un thème récurrent chez Levinas mais qui sur un demi-siècle d'écriture se déploie en des directions distinctes voire contradictoires. Ainsi, dès les réflexions sur l'hitlérisme en 1934[1] c'est le « sentiment d'être rivé » qui constitue le point de départ de l'analyse. C'est à une description de la nausée que s'attache Levinas, tant au sens médical que métaphysique. Dans la douleur ou dans le « mal au cœur », on ressent pleinement l'impossibilité d'échapper à soi, d'échapper à ce corps qui nous enferme. De même, dans *Le temps et l'autre* (1948) Levinas élabore ses descriptions phénoménologiques et insiste cette fois sur l'insomnie, l'ennui, la souffrance et la fatigue. Jusque dans les années 1990, Levinas poursuit cette thématique. Mais alors il ne s'agit plus de dégager à partir du moi les prémisses d'une sortie de soi. C'est à un changement de point de vue que l'on assiste puisque la douleur d'autrui devient également objet de la réflexion.

C'est alors que l'auteur synthétise son travail en ce qu'il convient d'appeler une « éthique de la souffrance[2] » qui peut nous éclairer aujourd'hui quant à l'éthique médicale. Ainsi, la thèse explicite de l'article « La souffrance inutile[3] », c'est que la douleur d'autrui donne

---

1 Voir Emmanuel Levinas, « Quelques réflexions sur la philosophie de l'hitlérisme », dans *Esprit*, 1934, nr. 26, p. 199-208, nouvelle édition suivie d'un essai de Miguel Abensour, Paris, Rivages poche, 1997.

2 Comme l'indique le titre « Une éthique de la souffrance » (1994), entretien d'Emmanuel Levinas avec Jean-Marc Norès, dans Jean-Marie Kaenel, *Souffrances, corps, âme, épreuves partagées*, Paris, Autrement, 1994, p. 127-137.

3 Emmanuel Levinas, « La souffrance inutile » (1982), dans *Entre nous. Essai sur le penser-à-l'autre* (1991), Paris, Le Livre de poche, 1993, p. 100-112.

sens à la mienne : « la crainte de chacun pour soi, dans la mortalité de chacun, n'arrive pas à absorber le scandale de l'indifférence à la souffrance d'autrui[4] ». C'est là une proposition à laquelle nous sommes peu habitués dans l'éthique des soins. De ce point de vue, souffrir, c'est certes souffrir *par*, mais c'est surtout souffrir *pour* autrui : « Cette obligation nous est pourtant familière sous l'événement empirique à l'égard d'autrui, comme l'impossible indifférence [...] à l'endroit des malheurs et des fautes du prochain[5] ». Il y a là une alternative intéressante à notre façon habituelle de regarder la douleur des patients par exemple dans le monde hospitalier.

La peine et la douleur sont présentées comme les lieux de l'absurde dans la mesure où, dans la solitude et l'isolement, rien ne les justifie. Il s'agit d'une passivité particulièrement forte car le sujet se trouve pris dans la douleur sans pouvoir en sortir. La souffrance conduit à l'absurde, au non-sens, au refus et au cri : « Que dans son phénomène propre, intrinsèquement, la souffrance soit inutile, qu'elle soit "pour rien", est donc le moins qu'on puisse dire[6] ». Si le visage est ce qui mène à un « oui » comme source de sens, comme Dire, la souffrance quant à elle pousse à dire « non », « non » à l'absurde. La seule manière d'échapper à cela, c'est d'observer dans ce « non » un « appel originel à l'aide », une recherche d'autrui qui seul peut me sortir de là. L'appel de l'Autre, dans la douleur, fonctionne comme obligation pure.

LES PARADOXES D'UNE PHÉNOMÉNOLOGIE DE LA SOUFFRANCE

L'intérêt de ces textes sur la souffrance tient donc moins à l'originalité de cette affirmation qu'à leurs difficultés propres. En effet, si on les prend pour eux-mêmes ou si on les compare, on est à la fois obligé de tenir compte de continuités réelles mais aussi de variations qui pour certaines ne sont rien moins que des paradoxes.

---

4 Emmanuel Levinas, « Paix et proximité » (1984), dans *Altérité et transcendance*, Paris, Le Livre de poche, 1995, p. 139-140.

5 Emmanuel Levinas, *De Dieu qui vient à l'idée* (1982), Paris, Vrin, 1998, p. 134.

6 Emmanuel Levinas, « La souffrance inutile » (1982), *op. cit.*, p 102.

Le premier d'entre eux, le plus immédiat, se situe dans le vocabulaire même par lequel Levinas décrit la souffrance, et tant la mienne que celle d'autrui. Il n'hésite pas à utiliser des termes médicaux, à nommer les maladies, à évoquer le « devoir de médication » au point que l'on puisse imaginer que la souffrance trouve une explication empirique et déterministe. De ce point de vue, la souffrance se comprend mécaniquement. Et c'est ainsi que Levinas la présente comme une immanence absurde : parce qu'elle n'est que « physique », elle nous oblige à y rester, elle nous « rive » à la terre et n'a pas de sens : « La souffrance est, certes, dans la conscience, une *donnée*, un certain "contenu psychologique", comme le vécu de la douleur, du son, du contact, comme n'importe quelle sensation. Mais dans ce "contenu même, elle est un malgré-la-conscience, l'inassumable[7] ». Et un peu plus loin : « Il suffirait par exemple d'extraire de la chronique médicale certains cas de douleurs tenaces ou rebelles, les névralgies ou les lombalgies intolérables résultants de lésions de nerfs périphériques et les tortures que peuvent endurer certains patients atteints de tumeurs malignes[8] ».

À ces explications toutes « médicales » qui mènent selon Levinas à l'absurde, il oppose un vocabulaire plus original, entre l'éthique et la métaphysique. Ainsi, l'approche « classique » du malade par ses thérapeutes semble impossible. L'aborder comme un être essentiellement physique dont le mal et les douleurs seraient réductibles à des propriétés physicochimiques serait absurde. La douleur du patient, c'est d'abord ce que le médecin, l'infirmier, le soignant, etc. ne peuvent regarder que comme ce qui leur échappe toujours en grande partie.

La douleur apparaît alors comme l'annonce d'une transcendance, au-delà de toute matérialité, qui fait sens et qui donne sens à la souffrance elle-même. Dans un premier temps, il ne s'agit que de l'annonce d'un sens ou d'un dépassement. Moment d'altérité, d'incompréhension et de passivité pure, la souffrance et la mort me conduiraient au-delà de ma situation initiale d'être rivé à l'immanence : « Il y a dans la souffrance au sein de laquelle nous avons saisi le voisinage de la mort – et encore sur le plan du phénomène – ce retournement de l'activité du sujet en passivité[9] ». Tel se présente notre premier paradoxe : immanente et

7 *Ibid.*, p. 100.
8 *Ibid.*, p. 102.
9 Emmanuel Levinas, *Le Temps et l'autre* (1948), Paris, Presses universitaires de France, 1994, p. 59.

transcendante, matérielle et métaphysique, absurde et bientôt sensée, la souffrance se laisse difficilement décrire.

L'éthique qui en découle ne peut dès lors qu'être elle-même problématique. Si la douleur d'autrui se résumait à un schéma corporel assimilable à la physique classique, alors on la cernerait comme un problème mathématique. Dès lors qu'une forme de transcendance s'en mêle, elle invite à une action moins « virile », moins technique, mais plus distante, c'est-à-dire en un sens plus respectueuse d'une différence irréductible. La douleur d'autrui, c'est ce que le thérapeute doit soulager, mais en même temps, respecter comme une différence véritable. C'est cette façon ambivalente d'aborder la souffrance qui pose ici problème et constitue en même temps l'originalité de Levinas.

On peut présenter ici une autre difficulté. Dans ses textes tardifs, Levinas pose une différence entre la souffrance pour autrui, qui seule donne sens à la souffrance en général, et la mienne qui lorsqu'elle n'est que ma souffrance reste absurde. Cette distinction vaut encore pour la mort. Cette thèse est séduisante mais renferme sans doute une difficulté. Si la douleur d'autrui, parce qu'inassumable, se présente comme obligation du remède, c'est en tant qu'elle est foncièrement autre. Or cette analyse de la douleur insondable est d'abord une analyse de ma propre subjectivité, comme malmenée par ce qui l'excède. Cela revient à dire d'une part qu'autrui est aussi autre que la douleur qui m'accable, ce qui semble tout confondre et retirer à autrui sa transcendance exclusive ; d'autre part cela signifie qu'autrui et moi-même partageons le même sentiment, autrement dit que la souffrance d'autrui est un appel à l'aide en vertu de ce que je sais de la souffrance, c'est-à-dire de ma souffrance et de sa souffrance. Là encore, il semble y avoir une difficulté, puisque je ne suis pas en mesure, en vertu de la thèse générale de Levinas sur autrui, de me mettre à la place de l'autre.

On voit là encore qu'il en découle une ambivalence dans l'approche thérapeutique. On est bien sûr toujours tenté de raisonner voire de ressentir par analogie. Or, soit je suis comparable à autrui, et dans ce cas le médecin peut prétendre comprendre ce que le patient ressent quand il souffre, soit il y a entre le thérapeute et le malade une différence irréductible qui rend la comparaison interdite. On devine là qu'il en résulte deux regards différents sur la souffrance de l'autre, selon deux réseaux de valeurs difficiles à concilier.

On peut d'ailleurs présenter autrement ce même paradoxe. Dans ses textes sur la douleur, des premiers aux plus tardifs, Levinas part toujours de ma douleur pour penser ce phénomène et procède à des comparaisons assez immédiates avec celle d'autrui. Implicitement, il reprend une idée classique selon laquelle j'aurais à vivre certaines épreuves pour mieux comprendre celles d'autrui. Or ce schéma simpliste de la compassion tranche avec le refus répété de toute comparaison entre ma situation et celle d'autrui, mais aussi avec l'affirmation selon laquelle la souffrance d'autrui est éthiquement première et tout autre. Levinas parle alors d'une « différence radicale[10] ».

Enfin, il faut noter que Levinas s'attache sur toute son œuvre à décrire des expériences ou des moments qui sont particulièrement significatifs pour décrire la vocation éthique de la relation à autrui. En cela, le visage occupe la première place au point que certains y voient le résumé de la toute la philosophie de l'auteur.

Cependant, il ne faut pas perdre de vue que ce visage est aussi décrit du point de vue de la fragilité, voire de la souffrance. Ainsi, il est d'abord nu, c'est-à-dire « dépouillement sans aucun ornement culturel[11] ». Il se donne immédiatement comme visible mais aussi comme vulnérable. C'est le lieu du corps où l'on retrouve le plus de fragilité. Le visage incarne la vulnérabilité et en cela annonce toujours sa propre mort : « cet *en face* du visage dans son expression – dans sa mortalité – m'assigne, me demande, me réclame : comme si la mort invisible à qui fait face le visage d'autrui [...] était mon affaire[12] ».

On comprend donc que loin de synthétiser toute l'éthique de l'auteur, ce paradigme laisse la place à une réflexion sur la souffrance qui pourrait être une des autres manifestations symptomatiques de l'altérité. Si le visage fonctionne bien comme « réduction » au sens husserlien, c'est-à-dire s'il est un phénomène majeur pour entre-apercevoir l'altérité, il n'est pas le seul. De même, dans d'autres contextes, Levinas décrit la parole, l'écriture, et d'autres « traces » par lesquelles l'altérité s'immisce dans la phénoménalité. Or il semble que la souffrance en fasse partie. Cela revient à dire que si le visage est un phénomène *princeps*, il faut

10 Emmanuel Levinas, « La souffrance inutile », *op. cit.*, p. 103.

11 Emmanuel Levinas, *Humanisme de l'autre homme* (1972), Paris, Le Livre de poche, 1987, p. 52.

12 Emmanuel Levinas, *De Dieu qui vient à l'idée* (1982), *op. cit.*, p. 245.

lui ajouter plusieurs autres « réductions » qui le complètent ou le corroborent, telles que la souffrance.

Dès lors, la pratique médicale ne serait pas seulement une situation possible où l'on rencontre des problèmes éthiques, mais un lieu particulièrement excellent où la différence de l'autre, et le respect que cela implique, se manifestent. Le contexte des soins serait alors une fenêtre privilégiée sur l'éthique, non seulement médicale, mais générale.

QUESTIONS ET THÈSES

Ces trois ensembles de contradictions apparentes mènent aux deux questions suivantes. Tout d'abord, en quoi la souffrance est-elle spécifiquement révélatrice de la nature de la relation éthique et fonctionne en cela comme réduction ? Cette première question revient à se demander quelle transcendance gît au fond de la souffrance au point de la faire échapper à l'absurde. Deuxièmement, quel point de vue permet de bien décrire la douleur : le mien, celui de l'autre, voire aucun des deux ? On peut présenter cette question autrement : qu'est-ce que je comprends d'autrui et de sa souffrance quand je l'aide ? Ou encore, plus simplement : puis-je comprendre la souffrance d'autrui ? Cela revient *in fine*, du point de vue de la pratique et des soins, à se demander si la compassion est un devoir ou une erreur. Autrement dit, cela revient à demander si un thérapeute doit partir de soi pour accéder à l'autre, ou doit par respect y renoncer.

L'ambition de cet article, c'est d'abord de dégager une thèse implicite à tous ces textes sur la souffrance et permettre de les relire autrement. On peut montrer en effet que la souffrance de l'autre fonctionne comme « réduction » chez Levinas, à côté d'autres figures telles que le visage, la parole, l'il y a encore ou l'écriture.

Ensuite, on pourra affirmer que je ne puis totalement comprendre la souffrance d'autrui de mon point de vue mais que j'ai besoin de partir de la mienne pour l'apprécier comme autre et y trouver sens. En cela, on verra qu'elle révèle une vulnérabilité en partie partagée qui permet d'apercevoir la douleur d'autrui à la fois comme douleur et comme *sa* douleur.

Les implications en termes d'éthique de soin sont nombreuses et originales dans la mesure où il n'est pas interdit de partir de sa propre conception de la souffrance, voire de sa propre expérience, mais seulement comme un point de départ et jamais comme une condition nécessaire et suffisante. Le soignant, quel qu'il soit, ne saurait renoncer à sa subjectivité, mais pour mieux en mesurer la limite face à la différence de la douleur de l'autre, comme pour donner sens à la sienne.

LA SOUFFRANCE AU PLURIEL OU LES MOMENTS ABSURDES

Afin de soutenir ces thèses, il importe d'esquisser une synthèse des différentes descriptions de la souffrance. L'erreur serait de considérer qu'il n'en existe qu'une dans cette œuvre. Comme celle-ci s'exprime sur une quarantaine d'années, on peut relever à la fois des caractéristiques stables et des variations qui conduisent à distinguer quatre formes de douleur.

La première que l'auteur présente, c'est celle qui précède la naissance même du sujet en tant qu'hypostase. Il s'agit de l'« angoisse » de l'*il y a* qui a son origine dans le « sentiment d'être rivé[13] ». Dans la douleur, dans le « mal au cœur », on ressent pleinement l'impossibilité d'échapper à soi, d'échapper à ce corps qui nous enferme. Mais le corps n'est qu'un aspect d'un emprisonnement plus fondamental, dont les racines, loin d'être physiques ou psychologiques, sont véritablement métaphysiques : « C'est l'expérience même de l'être pur[14] ».

Les traits de l'*il y a* sont les suivants : il est étouffant, l'*il y a* est une « horreur » ; il va de pair avec le désir d'y échapper ; il est anonyme car sans sujet, sans distinction ; il est sans issue, il est « vigilance sans recours possible au sommeil[15] » ; notamment, en lui, le temps paraît infini ; il renferme en lui une dialectique du rien (car l'existence pure ne comporte aucune détermination, aucun étant, un « sans-soi[16] ») et

13 Emmanuel Levinas, *De l'évasion* (1935), Paris, Le Livre de poche, 1996, p. 24.
14 *Ibid.*, p. 40.
15 Emmanuel Levinas, *Le temps et l'autre*, *op. cit.*, p. 27.
16 *Ibid.*

du tout (car il y a là quelque chose d'envahissant qui ne laisse jamais et nulle part en paix : « Le néant néantit. Il ne reste pas tranquille. Dans cette production du néant, il s'affirme[17] »). Il s'agit bien de la première souffrance, comme première expérience de l'absurde.

On le sait, le sujet naît précisément de s'affirmer dans sa différence avec l'*il y a*. Tel est le moment de l'hypostase. Il importe ici de distinguer cet évènement car il débouche sur une douleur d'un nouveau type. Si pour la première il est difficile de parler d'un sujet, c'est parce que dans cette insomnie « Ça veille » plus que « je ne veille[18] ». Or la conscience est précisément rupture, ou encore pouvoir de dormir, c'est-à-dire moment où JE s'affirme contre l'anonymat de l'exister pur. L'hypostase, c'est le sommeil ou le réveil pleinement conscient de soi qui nie l'indifférence de *l'il y a*. En cela, se poser comme sujet, c'est bien avoir un corps : « Le corps est l'avènement même de la conscience[19] ». Mon corps me différencie, ne serait-ce que parce qu'il me pose, en un lieu et un espace : le « ici » de mon corps, c'est ma différence.

S'il faut rappeler ce moment, c'est parce qu'il est immédiatement l'occasion de souffrances d'un nouveau type. En effet, cette conquête correspond immédiatement à un emprisonnement de soi par soi, enfermement de soi dans une essence : « l'identité n'est pas une inoffensive relation à soi mais un enchaînement à soi[20] », impossibilité d'être autre chose, et plus encore d'être radicalement autre. Levinas procède ainsi à une autre analyse de la douleur, de la peine, de la souffrance vécue antérieurement à la rencontre de l'autre, et qui s'exprime d'abord dans le travail : il faut souffrir pour récolter les nourritures terrestres, et la peine signale le fait d'être rivé à soi : « Dans la peine, dans la douleur, dans la souffrance, nous retrouvons à l'état de pureté, le définitif qui caractérise la tragédie de la solitude. [...] La souffrance physique, à tous ses degrés, est une impossibilité de se détacher de l'instant de l'existence. Elle est l'irrémissibilité même de l'être. La souffrance [...] est faite de l'impossibilité de fuir ou de reculer[21]. » Levinas poursuit cette analyse en montrant que dans cet attachement à soi se profile une aspiration à l'Autre plus ou moins intuitionnée dans la mort. Mais ce

17 *Ibid.*, p. 28.
18 Emmanuel Levinas, *De l'existence à l'existant* (1947), Paris, Vrin, 1998, p. 99 à 100.
19 *Ibid.*, p. 124.
20 *Ibid.*
21 *Ibid.*

qui nous intéresse ici, c'est de voir à quel point la souffrance, physique ou psychologique, retient le sujet dans son essence.

Quoi qu'il fasse, le sujet reste lui-même, pesanteur ou « matérialité[22] » que Levinas explore à l'occasion de la fatigue et de la douleur : le sujet se voit acculé à sa subjectivité alors que s'esquisse un mouvement de sortie de soi pour s'échapper hors de cette douleur. Or deux expériences viennent troubler cette fermeture sur soi : d'une part la mort qui est ouverture sur un mystère et une altérité qui échappe au sujet, et d'autre part la présence d'autrui. Levinas ne développera que peu son propos sur la mort dans les œuvres ultérieures pour se concentrer sur le seul rapport à l'Autre.

Cette deuxième souffrance est donc une fois encore liée à l'expérience de l'absurde, de cette aventure d'une essence dont le conatus est sans fin autre que lui-même. Pourtant, en elle s'annonce quelque chose de crucial : « Il y a dans la souffrance au sein de laquelle nous avons saisi le voisinage de la mort – et encore sur le plan du phénomène – ce retournement de l'activité du sujet en passivité[23] ». En effet, la mort se présente dans les premières analyses de Levinas comme une figure de l'altérité, celle-là même que la souffrance suggère. Pourquoi Levinas n'assume-t-il pas cette position jusqu'au bout pour se concentrer sur la figure d'autrui ? Parce que dans la mort, le sujet disparaît au moment même où il échappe à l'hypostase, ce qui en annule l'effet : « nous voulons à la fois mourir et être[24] ».

Cette annonce permet de comprendre le sens des deux autres formes de souffrance, distinctes car relationnelles. C'est pour avoir connu ces deux premiers types de douleur, corrélées à deux formes d'absurdité, que les deux formes suivantes peuvent prendre sens. La douleur que je peux ressentir en étant en relation avec autrui peut aussi être absurde, mais d'une manière différente des deux précédentes. La raison, c'est qu'elle peut trouver une signification dans la relation à l'autre, qui lui-même peut souffrir. Il faut ici distinguer une troisième souffrance, la mienne, celle que je ressens possiblement tout en étant cette fois inscrit dans le monde social, et une dernière, celle qui peut atteindre autrui lui-même. C'est ici que nous retrouvons l'article « La souffrance inutile » qui observe

22 *Ibid.*, p. 36.
23 Emmanuel Levinas, *Le Temps et l'autre*, *op. cit.*, p. 59.
24 *Ibid.*, p. 66.

justement les relations de ces deux formes de peine. La souffrance et la douleur sont présentées comme les lieux de l'absurde dans la mesure où, dans la solitude et l'isolement, rien ne les justifie. Levinas se réfère en cela plusieurs fois à Job, comme image biblique de cette souffrance totalement imméritée et injuste.

Autrement dit, cette souffrance, sans disparaître, n'est plus la même que dans les analyses de l'hypostase. Ma souffrance peut prendre sens car elle peut encore s'ouvrir à autrui. Si ma douleur est absurde, seule la possibilité d'être encore ouvert à l'autre en souffrant lui donne sens : « Dans cette perspective se fait une différence radicale entre la *souffrance en autrui* où elle est, pour *moi* impardonnable et me sollicite et m'appelle, et la souffrance *en moi*, ma propre aventure de la souffrance dont l'inutilité constitutionnelle ou congénitale peut prendre un sens, le seul dont la souffrance soit susceptible, en devenant une souffrance pour la souffrance, fût-elle inexorable, de quelqu'un d'autre[25]. » Levinas y revient dans un entretien tardif intitulé « Une éthique de la souffrance » : « on observe dans le gémissement, dans le cri même, un appel à l'autre. [...] La douleur isole absolument et c'est de cet isolement absolu que naît cet appel à autrui[26] ». Je puis refuser l'aide d'autrui, mais cette possibilité n'apparaissait même pas dans la souffrance hypostatique et solitaire.

Est-il besoin pour cela qu'il souffre ? C'est ce qu'on pourrait croire toujours en lisant ce passage. En réalité, ces deux souffrances du monde social ne sont évidemment pas symétriques : si ma douleur est absurde, et très proche en cela de la douleur hypostatique, celle d'autrui ne l'est jamais quand je puis me soucier d'elle. Le sens, ce qui rompt toute absurdité, en l'occurrence celle de ma souffrance, c'est avant tout ce qui donne une valeur à l'existence et qui pour cette raison ne peut venir que de la rencontre d'autrui. « Le sens, en tant qu'orientation, n'indique-t-il pas un élan, un hors de soi vers *l'autre que soi* [...][27] » ? Le sens, ce qui s'oppose à l'absurde, bien avant d'être logique, est l'indication d'une direction et d'un mouvement pratiques. « Avoir un sens, c'est se situer par rapport à un absolu, c'est-à-dire venir de cette altérité qui ne se résorbe pas dans sa perception[28] ». Le sens, c'est autrui comme l'orientation du

25 Emmanuel Levinas, « La souffrance inutile », *op. cit.*, p. 103-104.
26 Emmanuel Levinas, « Une éthique de la souffrance », *op. cit.*, p. 133.
27 Emmanuel Levinas, *Humanisme de l'autre homme*, *op. cit.*, p. 42.
28 Emmanuel Levinas, *Totalité et infini*, *op. cit.*, p. 99.

phénomène et de l'essence vers ce qui leur permet d'échapper à l'absurde. Ou encore : « Cette façon de défaire la forme adéquate au Même pour se présenter comme Autre, c'est signifier ou avoir un sens[29] ».

C'est en quoi la souffrance d'autrui est bien différente : elle se présente immédiatement comme ce qu'il faut guérir. Alors que les trois autres formes de douleur sont insensées, pour des raisons distinctes, celle-ci peut rompre l'absurde.

LA SOUFFRANCE COMME "RÉDUCTION" OU SYMPTÔME DE LA VULNÉRABILITÉ

Encore une fois, ces textes sur la souffrance nous renvoient à la thèse générale de Levinas selon laquelle autrui donne sens à l'existence. Cependant, les souffrances, les miennes comme celle de l'autre, sont des situations particulièrement significatives pour comprendre l'essentiel et saisir la structure de vulnérabilité du sujet. Cela revient encore à dire que le contexte de soins est un lieu privilégié de l'apparition de l'autre comme autre dès lors que j'en aborde respectueusement la souffrance.

C'est en comparant cette phénoménologie de la souffrance et la structure profonde de la subjectivité qu'on peut montrer cela. En effet, ma souffrance, sous ses trois formes, est avant tout passivité à un degré extrême : « ce qui distingue ce contenu des autres sensations, c'est qu'il s'oppose à la conscience, c'est un malgré-la-conscience. Ce contenu que l'on ne peut pas assimiler interdit aussi d'assimiler l'évènement[30] ». Autrement dit, la douleur ne fait pas l'objet d'une synthèse intellectuelle et d'une subsomption logique. S'il faut souligner cet aspect, c'est parce mes souffrances me placent dans une position éminemment pathique : je suis la souffrance même, je ne puis l'assimiler. Elles sont en cela deux fois absurdes : pratiquement, parce qu'elles n'ont pas de but : théoriquement, parce qu'elles sont rebelles à toute synthèse.

Or ce vocabulaire de la passivité pure, de la passivité radicale qui échappe au concept même de passivité, c'est bien le même que Levinas

29 *Ibid.*, p. 61.
30 Emmanuel Levinas, « Une éthique de la souffrance », *op. cit.*, p. 127.

utilise lorsqu'il définit la manière dont autrui participe de ma subjectivité. La passivité générale qui définit le moi, c'est ce qui permet la venue de l'autre. Ainsi, après s'être constitué comme hypostase, « Le psychisme, c'est l'Autre-dans-le-Même sans aliéner le Même[31] ».

C'est tout le sens de la responsabilité, du soignant notamment. Au moment de la définir, Levinas reprend les différents sens du mot « répondre », et précise que répondre « je » suppose d'avoir été interrogé. Or, l'interrogation la plus forte est celle de la rencontre de l'Autre, de sorte que ce n'est ultimement que par autrui que je puis affirmer « Me voici[32] ! ». « Se retrouver en se perdant[33] », c'est donc possible et même cela apparaît comme l'unique voie possible pour élaborer une subjectivité, non seulement respectueuse d'autrui, mais surtout une subjectivité qui sort de l'encombrement.

Levinas parle encore d'une désignation de moi par autrui comme ne pouvant se faire qu'à « l'accusatif », c'est-à-dire ultimement au passif. L'assignation comporte d'emblée l'impossible indifférence envers autrui, comme on l'a déjà vu, ce qui se présente comme une accusation qui ne peut venir que du dehors, d'au-delà de mon essence. Et c'est en tant qu'elle s'adresse à moi pour une charge que je ne peux déléguer que cette assignation me consacre comme unique : « L'unité du moi, c'est le fait que personne ne peut répondre à ma place[34] ». Le moi s'en trouve plus affirmé, plus alerte. Non pas pour conquérir ou enserrer davantage autrui dans la sphère de la Mêmeté, mais au contraire pour le servir. Autrui agit sur moi comme un rappel de ce que je suis, par le biais de l'appel à ce que je peux être : être pour autrui : « Le Moi érode sa naïveté dogmatique, devant l'Autre qui lui demande plus qu'il ne peut spontanément[35] ».

Le thème de la subjectivité permet ainsi d'affiner la compréhension de ce qu'est la responsabilité et de la saisir dans toute sa passivité. Ainsi, le patient n'est pas le seul dans cette relation de soin à être passif. Il faut que le moi dispose, par exemple si je suis médecin, d'une capacité d'accueil de l'Autre en lui, sans pour autant que cet Autre soit prévisible, car ce

31 Emmanuel Levinas, *Autrement qu'être ou au-delà de l'essence* (1974), Paris, Le Livre de poche, 2000, p. 178.

32 Emmanuel Levinas, *Totalité et Infini*, *op. cit.*, p. 159.

33 Emmanuel Levinas, *Autrement qu'être ou au-delà de l'essence*, *op. cit.*, p. 14.

34 Emmanuel Levinas, *Humanisme de l'Autre Homme*, *op. cit.*, p. 53.

35 *Ibid.*, p. 57.

serait une réduction au Même ; Levinas définit alors la sensibilité comme « vulnérabilité absolue », « exposition sans mesure », jusqu'à envisager le mode de la « substitution ». Il faut que le moi soit fondamentalement disponible à l'événement de l'Autre pour que sa subjectivité s'y constitue. En évoquant la « vulnérabilité », définie comme « passivité plus passive que la passivité elle-même » (car il faut bien que le moi s'expose, qu'il souffre, sans pour autant que la trace de l'autre en moi soit ramenée à une pure passion du Même), Levinas cherche à dire ce qui ne peut que gêner la pensée positive. Cette vulnérabilité est davantage un effort pour penser ce qui va au-delà de tout mécanisme.

Il est maintenant possible d'établir un parallèle entre ces deux registres de passivité, celui de la souffrance et celui de la subjectivité du moi comme soignant potentiel, ce qui autorise alors à présenter la douleur comme réduction. On voit que la comparaison à la vulnérabilité du sujet en fait un moment particulièrement symptomatique de ce qui se joue dans le rapport à autrui. Analyser mes souffrances, c'est dégager une structure d'appel à l'autre qui révèle la trame et l'histoire de ma subjectivité depuis l'*il y a.* En signalant cette succession de trois douleurs ou moments absurdes, Levinas nous laisse apercevoir le drame éthique fondamental qui se joue en elles et ce faisant une structure qui dépasse de très loin ce qu'une biologie matérialiste pourrait en dire. Une « éthique de la souffrance » ne saurait donc se résumer à une suite de commandements moraux, mais décrit aussi une situation par laquelle une non-indifférence à autrui révèle tous ses enjeux. La relation soignant-soigné ne peut donc se réduire à l'abord techniciste du corps de l'autre dès lors qu'on souhaite l'approcher avec respect.

LA COMPASSION, COMME « SOUFFRANCE-INUTILE[36] » OU LA COMPARAISON DES INCOMPARABLES

On doit maintenant reprendre les deux premiers paradoxes développés en introduction. En mêlant la description de ma souffrance à celle d'autrui, Levinas donne parfois le sentiment d'une confusion. Nous voudrions montrer ici qu'il n'en est rien si l'on comprend que sans se confondre, nos douleurs sont comparables, au point que partir de la mienne peut permettre de mieux « comprendre » la sienne, bien que non absolument. C'est ainsi que l'on pourra répondre au deuxième ensemble de nos questions : quel point de vue permet de bien décrire la souffrance : qu'est-ce que je comprends d'autrui et de sa souffrance quand je l'aide ? Ou encore, plus simplement : puis-je comprendre la souffrance d'autrui ? Ici encore, cela invite à penser la relation soignant-soigné de façon originale : ni pure comparaison, ni pure mise à distance, fût-ce dans un souci de respect ou d'efficacité.

Il est en effet bien étonnant que Levinas parte toujours de ma douleur pour penser celle d'autrui ou plus généralement la relation à l'autre comme on vient de le voir. C'est comme si à cette occasion l'asymétrie qui fait le cœur de la relation éthique s'estompait.

En décrivant trois douleurs miennes qui ne prennent sens que par autrui, Levinas décrit dans l'ordre de la souffrance le même parcours que celui qui va de la jouissance à la substitution. Souffrir dans l'exister pur ou ensuite dans l'hypostase, c'est éprouver l'absurde et mieux saisir ainsi la signification du visage. Dans l'histoire de la subjectivité que décrit Levinas, la souffrance personnelle serait la préparation d'un évènement qui la dépasse et la transforme. En cela, mes souffrances ne sont pas celles d'autrui pas plus que les premières ne permettent de cerner la seconde. Mais elles préparent la voie à une « assomption » de ma subjectivité : « Que quelqu'un puisse venir à mon aide justifie à soi seul la présence de l'homme au monde[37] ».

Il faut cependant compléter cette réponse car ce serait oublier que dans cette souffrance de l'autre gît un appel, celui de la « médication qui

36 Emmanuel Levinas, « La souffrance inutile », *op. cit.*, p. 110.
37 Emmanuel Levinas, « Une éthique de la souffrance », *op. cit.*, p. 137.

est mon devoir[38] ». Il ne s'agit donc en rien, en vertu d'une incompréhension mystérieuse, de ne pas s'investir dans les soins de l'autre mais au contraire de comprendre cette distance comme un appel au soin. Plus précisément, « C'est l'ultime sens de la souffrance. Ma souffrance sera ma condamnation à mort car elle en est le signe, l'anticipation, et le fond de la socialité humaine consiste à s'occuper de la mort d'autrui avant la mienne. Quelqu'un qui souffre a-t-il de la chance ? Oui, s'il souffre pour l'autre car il prouve la dignité humaine[39] ». La question ne se pose donc pas seulement en termes de compréhension ou de sensibilité mais aussi en un sens éthique, en l'occurrence comme non-indifférence et nécessité d'agir : me faut-il souffrir moi-même pour ressentir la nécessité éthique de venir en aide à l'autre ? Ma souffrance est-elle une condition de l'éveil « à l'ouverture originelle vers le secourable[40] » ?

Pour que cet appel fonctionne, il faut à la fois que la souffrance de l'autre soit reconnue comme souffrance, *et* comme souffrance irréductible à la mienne. Cela revient à se demander comment l'on peut à la fois penser l'incomparable et le comparer : l'incomparable fonctionne comme impératif de secours, la comparaison permet de savoir qu'autrui souffre, qu'il ne s'agit pas de respecter autrui en général mais de le secourir dans une situation spécifique de douleur.

C'est ici qu'on peut proposer une deuxième réponse qui maintient mais précise la précédente : non, ma souffrance n'est pas celle d'autrui, non elle ne me permet pas de la comprendre totalement et absolument, et l'incompréhension de ma propre douleur n'est pas l'incompréhension de la douleur de l'autre. Cependant, elles sont comparables, comme le moment de la justice compare les incomparables par la figure du tiers.

Jusqu'ici, ce qui n'a pas encore été pris en compte dans la relation de face à face, c'est la présence d'autres personnes qui font que la relation bipolaire se déploie en une relation multipolaire. Et si l'on nomme « justice » ce rapport introduit par le tiers au sein du face à face où se joue un rapport d'amour et de charité, alors il faut affirmer avec Levinas que « La charité est impossible sans l'amour et la justice se déforme sans la charité[41] ».

38 Emmanuel Levinas, « La souffrance inutile », *op. cit.*, p. 102.

39 Emmanuel Levinas, « Une éthique de la souffrance », *op. cit.*, p. 136.

40 Emmanuel Levinas, « La souffrance inutile », *op. cit.*, p. 103.

41 *Ibid.*, p. 131.

Qu'implique en effet l'arrivée d'un tiers dans le face à face ?

> Ma responsabilité pour tous peut et doit se manifester pour tous en se limitant. Le moi peut être appelé, au nom de cette responsabilité illimitée, à se soucier aussi de soi. Le fait que l'autre, mon prochain, est aussi tiers par rapport à un autre tiers lui aussi est la naissance de la pensée, de la conscience, de la justice et de la philosophie. La responsabilité illimitée, initiale, qui justifie ce souci de justice de soi et de philosophie, peut s'oublier. Dans cet oubli la conscience est pur égoïsme. Mais l'égoïsme n'est ni premier ni ultime. *L'impossibilité d'échapper à Dieu* – l'aventure de Jonas [...] – l'impossibilité d'échapper à Dieu (*qui en cela n'est pas une valeur parmi les valeurs*) gît au fond de moi comme soi. Passivité qui n'est pas seulement la possibilité de la mort dans l'être, la possibilité de l'impossibilité. Mais impossibilité antérieure à cette possibilité, impossibilité de se dérober, susceptibilité absolue, gravité sans frivolité aucune, naissance d'un sens dans l'obtusité de l'être, d'un "pouvoir mourir" soumis au sacrifice[42].

L'arrivée d'un tiers dans la relation, c'est ce que Levinas appelle aussi la « naissance de la sagesse ». Face à l'autre, dans un face à face je n'ai pas d'autre choix que d'être responsable. Mais au moment où un troisième homme pénètre dans le cercle de cette relation asymétrique, la responsabilité se voit modifiée. En effet, face à ces deux prochains qui peuvent entrer en conflit, il me faut « comparer des incomparables », c'est-à-dire tenter de définir ce qui revient à chacun dans ce qui le fait ressembler à l'autre. On voit donc l'inflexion décisive qu'implique l'intrusion d'un tiers : l'Autre, quasiment impensable, à tout le moins irréductible au Même et donc à des catégories logiques comme celle de quantité, devient maintenant ce qu'il me faut évaluer et mesurer. Ce souci de justice me porte ici vers une « responsabilité limitée » légitimant ainsi des comparaisons qu'on n'aurait pas soupçonnées auparavant, comparaisons qui peuvent aller jusqu'à supposer une ressemblance entre moi et mes prochains : « Il faut comparer, peser, penser, source de la justice, source de la théorie. Toute la récupération des institutions – et de la théorie elle-même de la philosophie et de la phénoménologie : expliciter l'apparaître – se fait selon moi à partir du tiers[43] ».

Il devient donc impossible de raisonner à la seule échelle du face à face asymétrique car un tiers est toujours présent, au moins virtuellement. De la charité il faut passer à la justice, mais à une justice qui se

42 Emmanuel Levinas, *Autrement qu'être ou au-delà de l'essence*, *op. cit.*, p. 204.

43 Emmanuel Levinas, *De Dieu qui vient à l'idée*, *op. cit.*, p. 132 et 133.

sait inspirée par ce fondement transcendant qu'est la charité, condition sans laquelle la justice devient égoïsme, retour à l'impérialisme du même. La responsabilité infinie se limite donc, à cet endroit où le tiers pourrait pâtir du prochain.

Or ce moment peut être convoqué pour notre réflexion sur la souffrance. La justice, c'est le moment du calcul, du rationnel et des comparaisons. C'est alors que je puis dire qu'un tel souffre plus que tel autre, ou que celui-ci a besoin de soins plus urgents que celui-là, comme la pratique médicale l'illustre couramment. C'est même alors que je puis dire que j'ai plus besoin de soins qu'un autre, voire que la souffrance de tel autre ne me concerne pas. Tout dépend des termes comparés et de la situation. Quoi qu'il en soit, c'est ici que les souffrances sont et doivent être comparables. Il s'agit bien d'une comparaison animée par un incomparable, mais réclamée par ces incomparables. C'est ainsi que ma souffrance peut et doit me permettre de mieux comprendre et répondre à celle d'autrui, parce que *je dois* la comparer à partir d'une différence irréductible initiale. Ou encore, en tant que thérapeute, je ne dois pas m'interdire une comparaison si j'accepte de ne pas m'en contenter, et cela à la fois pour être efficace, mais surtout respectueux.

Pour finir de répondre à la question : qu'est-ce que je comprends d'autrui et de sa souffrance quand je l'aide ?, il reste à revenir au thème de la vulnérabilité. Il a déjà permis de comprendre la souffrance comme réduction dans la mesure où il décrivait ma subjectivité comme fondamentalement passive.

Pour moi, être incarné, c'est être constitué en tant que fragile et vulnérable. Ma vulnérabilité, en ce sens, c'est cette possibilité folle de sacrifier sa vie : « dénudation jusqu'à la mort, être comme vulnérabilité[44] ». Et c'est le corps qui est le lieu de ce sacrifice. « Donner, c'est donner le pain arraché de sa bouche ; le donner a d'emblée une signification corporelle[45] ». Pour donner, il faut avoir quelque chose à perdre. Et le corps, c'est ce que j'ai de plus cher à perdre dans le rapport à autrui.

Or, on l'a vu, pour que ma souffrance prenne sens, il faut qu'elle soit ouverture à l'autre ou à celle de l'autre. Pour cela, il faut donc à la fois que la souffrance de l'autre soit reconnue comme souffrance, *et* comme souffrance irréductible à la mienne. Or si Levinas traite de la vulnérabilité

44 Emmanuel Levinas, *Autrement qu'être ou au-delà de l'essence*, *op. cit.*, p. 84.
45 Emmanuel Levinas, *Dieu, la mort, le temps* (1991), Paris, Le Livre de poche, 1993, p. 222.

du côté du moi, c'est aussi par ce terme qu'il caractérise autrui. D'une part, ma subjectivité, c'est la vulnérabilité, en tant que je suis pour l'Autre ; d'autre part, le visage se présente à moi dans toute sa nudité. Là encore, ce parallèle peut paraître bien hétérodoxe tant l'insistance sur la différence est fréquente chez l'auteur. Mais penser une vulnérabilité des deux côtés, sans les confondre, est la dernière manière d'expliquer cet aller-retour permanent entre ma souffrance et celle de l'autre.

C'est en cela que l'auteur déclare, dans son entretien tardif : « L'amour d'autrui est toujours l'amour de quelqu'un qui, à un niveau quelconque ou à un degré quelconque, souffre. Autrui qui m'interpelle, c'est toujours quelqu'un qui est sans défense, et tout être humain est sans défense d'une façon ou d'une autre malgré les contenances qu'il se donne et les titres qu'il a, et son visage annonce fatalement la mort à venir[46] ». Et un peu plus loin : « L'autre est toujours souffrant[47] ». Il s'agit bien de penser une vulnérabilité de l'autre, comme sa « nature » même, alors que ce thème s'explicite bien plus souvent chez Levinas comme la forme même de ma subjectivité.

En réalité, toute l'œuvre de Levinas présente autrui comme fragile ou souffrant. Ainsi le corps de l'autre, c'est ce qui s'arrache à la pure forme tout en restant physiquement vulnérable. Dans la guerre par exemple, l'autre est ce que je peux détruire en atteignant son corps. Si dans une telle situation, il me faut me protéger là où je suis vulnérable, c'est bien aussi le corps de l'autre que je dois toucher pour l'emporter. La vulnérabilité de l'autre est bien « dans sa nudité sans défense[48] », dans la peau toute proche de son visage qu'on aurait tort de prendre pour une métaphore. Le visage est bien en demande, comme ce qui réclame protection[49] car il est par essence fragile et corruptible comme tout être corporel. Le corps de l'autre est sensible, c'est-à-dire ce qui peut m'atteindre et aussi ce par quoi je peux lui nuire.

On voit donc que la vulnérabilité nous est en partie commune et c'est sans doute pour cela que Levinas insiste sur la souffrance physique quand il en traite pour moi comme pour l'autre. Le vocabulaire de la faiblesse est tantôt utilisé par Levinas pour autrui, qui s'expose dans sa

46 Emmanuel Levinas, « Une éthique de la souffrance », *op. cit.*, p. 136.
47 *Ibid.*
48 Emmanuel Levinas, *À l'heure des nations*, Paris, Éditions de Minuit, 1988, p. 128.
49 *Ibid.*

nudité, tantôt pour moi en tant que je deviens responsable jusqu'à la substitution et au sacrifice possible de ma vie.

La vulnérabilité est bien des deux côtés, par exemple celui du soignant que je puis être mais aussi du soigné que j'ai face à moi. Il y a donc deux vulnérabilités, toutes deux issues de la fragilité intrinsèque des corps : la mienne et celle de l'autre. La mienne, c'est celle d'un sujet qui s'est constitué de haute lutte contre l'anonymat de *l'il y a* et qui peut tout perdre en rompant cette logique de protection pour passer à une logique de sacrifice, notamment en s'occupant d'abord de la souffrance de l'autre. Celle de l'autre est différente : l'autre a un corps fragile, comme tout corps physique, mais cette corporéité est dépassée par une signification transcendante. Toutefois, il y a un lien entre cette altérité pure et ce corps biologique, autrement dit une dépendance entre sa transcendance et le corps biologique et vulnérable. Ce lien de dépendance fait que cette altérité peut être atteinte même si ce n'est pas sur elle qu'on agit alors directement. En cela, la mort d'autrui – seul être que je peux vouloir tuer – est effrayante : un si petit geste – défaire un corps – a un effet incommensurable : détruire l'altérité de l'autre. On voit bien dans les deux cas que la référence au corps est irréductible dans le rapport à autrui, au mien comme au sien, et signale une fragilité commune. Des deux côtés, la vulnérabilité est nécessairement là et comprise en un sens *à la fois* physique et éthique. C'est celle d'un corps fragile *et* la vulnérabilité éthique à laquelle je suis soumis.

Cette définition commune en termes de vulnérabilité n'efface en rien l'impact de la rencontre de l'autre qui consacre le Dire comme arrêt du corps et qui présente un visage où la forme corporelle est dépassée. La vulnérabilité dont il est question ici est autant celle d'un corps toujours à détruire comme dans le jeu des forces physiques que la vulnérabilité éthique dont je fais l'objet, comme ce que je cède même si j'ai la force physique de résister. Il y a ainsi deux vulnérabilités qui n'ont pas toutes deux le même sens mais qui signalent toutes deux la référence au corps et à ses souffrances dans la relation à l'autre.

Ceci permet de répondre une dernière fois à notre seconde question : quel point de vue permet de décrire la souffrance : le mien ou celui de l'autre ? Il faut affirmer que sans se confondre, nos douleurs sont comparables, au point que partir de la mienne peut permettre de mieux « comprendre » celle d'autrui. La souffrance de l'autre donne donc bien sens à la mienne parce qu'elle a assez en commun pour être perçue comme souffrance, et assez de différence pour fonctionner comme « appel originel au secourable ».

QUELQUES DERNIÈRES CONSIDÉRATIONS CRITIQUES

La souffrance est un thème important pour lire et relire toute l'œuvre d'Emmanuel Levinas, à côté d'autres concepts-clés tels que le sujet, l'altérité, la transcendance, le langage, l'expression, le phénomène, etc. En l'occurrence, l'originalité de l'auteur est de rendre compte du devoir de compassion sans se contenter d'une explication faiblement analogique ou mimétique.

Cette lecture nous permet de comprendre que le contexte de soins est un lieu privilégié de l'apparition de l'autre comme autre dès lors que j'en aborde respectueusement la souffrance. Cette description a immédiatement des implications prescriptives. Si encore une fois la « médication qui est mon devoir[50] », cela signifie qu'en vertu d'un mystère je me dois de comprendre cette distance comme un appel au soin. Cela invite donc à penser la relation soignant-soigné de façon originale : ni pure comparaison, ni pure mise à distance, fût-ce dans un souci de respect ou d'efficacité.

On peut maintenant conclure ce commentaire sur deux étonnements, comme deux invitations à poursuivre la réflexion. Tout d'abord, parce que son but est de penser la relation éthique, Levinas traite de la souffrance en général. Certes on peut en distinguer plusieurs formes. Mais est-ce suffisant ? On peut ici et là regretter qu'il n'en détaille pas les degrés, les pathologies, etc. ou plus fondamentalement encore qu'il n'étoffe pas sur ce thème l'assise empirique.

Ensuite et enfin, on s'est aperçu qu'il était possible d'envisager une certaine vulnérabilité commune. On l'a justifiée par les textes, bien que cela reste une proposition difficile au regard de l'insistance de Levinas sur l'asymétrie relationnelle. Mais n'a-t-on pas ce faisant retrouvé un problème propre à toutes les philosophies « dualistes » ? Quand Platon

50 Emmanuel Levinas, « La souffrance inutile », *op. cit.*, p. 102.

sépare les Idées de la matière, ou Spinoza le fini de l'infini, ou même Hegel l'Esprit de la matière, leur problème commun c'est ensuite de penser la réunion de ces opposés. Et la philosophie abonde en termes complexes pour apporter des solutions à ces synthèses parfois impossibles. Levinas n'échappe peut-être pas à ce mal philosophique car la comparaison des vulnérabilités reste une solution aussi nécessaire qu'impossible.

Matthieu DUBOST
CPGE, Rueil-Malmaison –
Centre Madeleine Daniélou

LA MORT COMME LIMITE ET EXPÉRIENCE DE LA PASSIVITÉ DU SUJET

Enjeux autour de la liberté

> Je suis né dans un monde qui commençait à ne plus vouloir entendre parler de la mort et qui est aujourd'hui parvenu à ses fins, sans comprendre qu'il s'est du coup condamné à ne plus entendre parler de la grâce[1].

Tel est le rapport que l'homme entretient désormais avec la mort, se dit le poète Christian Bobin, entre deux visites qu'il rend à son père, atteint de la maladie d'Alzheimer, et hospitalisé dans une maison de long séjour. Quelle étrange assertion, penserait un homme du XXIe siècle ! Il conviendrait, certes, que la culture occidentale refuse de plus en plus obstinément d'entendre parler de la mort, en essayant d'éliminer sa présence et en la reléguant au rang du spectacle et de la fiction. Il admettrait dans le même temps que cette même culture développe diverses tentatives de l'apprivoiser en mettant en scène sa propre mort, l'enterrement étant considéré comme le dernier acte libre d'un sujet. Il nierait toutefois que la première partie de la phrase du poète est indissociable de la seconde : une culture qui refuse d'entendre parler de la mort est imperméable à la grâce ou, philosophiquement parlant, au don, à la gratuité. Si le poète devait avoir raison, quelle en serait la conséquence pour l'existence humaine du point de vue anthropologique et éthique ? Cet article tentera de répondre à cette question en mettant en lumière le sens même de cette existence.

1 Christian Bobin, « La présence pure » (1999), *La Présence pure et autres textes* (2008), Paris, Gallimard, 2012, p. 145-146.

Le refus d'entendre parler de la mort ne relève pas d'une attitude passagère qui permettrait à l'être humain d'exister davantage, afin de transformer le monde ; il s'agit plutôt du refus de perdre l'équilibre, de se découvrir vulnérable, incapable de contrôler son existence. Ce silence obstiné dans lequel la mort est reléguée tire son origine de deux présupposés qui imprègnent profondément la culture occidentale contemporaine et qui, paradoxalement, s'opposent ; à savoir la réduction du mystère à un problème à résoudre et la réduction de la liberté à la libération de toute contrainte et de toute détermination. Ces deux présupposés expliquent trois attitudes face à la mort, adoptées pour ne pas se laisser déstabiliser par elle : le repli dans sa tour d'ivoire, l'apprivoisement de la mort inéluctable, et la mise à mort proclamée de la mort. Je développerai en quoi consistent ces trois attitudes, puis j'avancerai que la mort annonce un profond renversement anthropologique, celui de l'activité du sujet dans sa passivité même, et du contrôle du sujet dans sa réceptivité même. Enfin, j'exposerai comment la mort révèle une compréhension de la liberté humaine caractérisée par une disponibilité et un don particuliers.

LA NÉGATION DE LA MORT

L'homme contemporain a pris le pli de considérer le monde qui l'entoure sous l'aspect d'un problème que l'on est ou que l'on sera en mesure de résoudre à l'aide de la science ; grâce à laquelle le monde se fera objet à contrôler, tandis que l'homme exercera sur lui, par l'intermédiaire de la technique, sa puissance et sa domination. Le problème, précise Gabriel Marcel, est « ce que je puis par là même cerner et réduire[2] », qui se laisse « détailler[3] » et qui est « justiciable d'une certaine technique appropriée en fonction de laquelle il se définit[4] ». Le monde du problème tend à tout réduire à la fonctionnalité, y compris les événements qui « rompent le cours de l'existence – la naissance, l'amour, la mort ». Ces événements, dont la mort, sont perçus sous l'unique angle de ce

2 Gabriel Marcel, *Être et avoir*, Paris, Aubier Montaigne, 1935, p. 169.
3 *Ibid.*, p. 146.
4 *Ibid.*, p. 169.

que Marcel appelle la catégorie « pseudo-scientifique du *tout naturel* » où « la cause explique l'effet, c'est-à-dire, en rend pleinement compte[5] ». Un tel monde fonctionnel est « gorgé de problèmes » et « animé de la volonté de ne faire au mystère aucune place[6] ».

La mort humaine comprise comme problème, privée de mystère, est réduite à un simple événement naturel, biologique, « comme chute dans l'inutilisable, comme *déchet* pur[7] » à moins qu'elle ne se prononce à la troisième personne. « Un mort », précise Vladimir Jankélévitch, « est vite remplacé. La vie bouche les trous au fur et à mesure. Tout le monde est remplaçable. Quelqu'un disparaît, un autre occupe la place. C'est la mort à la troisième personne, la mort de n'importe qui, un passant frappé d'embolie... C'est la mort sans mystère[8] ». La mort est dès lors réduite à la dimension de ce qui est explicable et contrôlable. « Dans un monde, précise Marcel, où, sous l'influence desséchante de la technique, [...], la mort cesserait d'être un mystère, elle deviendrait un fait brut comme la dislocation d'un appareil quelconque[9]. » L'on pourrait renchérir en disant que les dysfonctionnements de l'appareil pourraient, devraient même, être résolus, afin qu'il fonctionne mieux.

La mort reste toutefois, dans ce monde réduit à la dimension du problème, une réalité déstabilisante, car elle met en danger l'un des éléments centraux de la culture occidentale contemporaine, à savoir le second présupposé qui voudrait que la liberté humaine soit assimilée à la libération de toutes les déterminations. La mort est alors perçue comme l'ennemi à tenir à distance, voire à abattre car, en dépossédant l'être humain de son existence, elle remet radicalement en question la liberté considérée comme auto-fondatrice, exempte de toute détermination qui lui préexisterait, une liberté tout à fait indéterminée et qui ne saurait soumise à aucune contrainte. La liberté ainsi conçue, nous la devons à Thomas Hobbes qui la définissait comme l'absence de contraintes, « l'absence d'entraves extérieures[10] ».

5 Gabriel Marcel, *Position et approches concrètes du mystère ontologique*, Louvain / Paris, E. Nauwelaert / Vrin, 1949, p. 50.

6 *Ibid.*, p. 49-50.

7 *Ibid.*, p. 49.

8 Vladimir Jankélévitch, *Penser la mort ?*, Paris, Éditions Liana Levi, 1994, p. 16.

9 Gabriel Marcel, *Le Mystère de l'être*, Paris, Aubier, 1951, vol. II, p. 152.

10 Thomas Hobbes, *Léviathan* (1651), traduit par Gérard Mairet, Paris, Gallimard, 2000, p. 230. Bien que cette définition de la liberté soit celle de l'être humain dans l'état de

Cette liberté-là est le pouvoir de nier, de contester toute réalité qui lui préexisterait et qui la déterminerait, y compris celle de la nature humaine ou du bien moral, car de telles réalités seraient soupçonnées de réduire la liberté. « La liberté humaine, résume Jean-Paul Sartre, n'est pas limitée par un ordre de libertés et de valeurs qui s'offriraient à notre assentiment comme des *choses* éternelles, comme des structures nécessaires de l'être[11]. » De ce point de vue, pour que l'être humain puisse réellement être libre, il est impératif de supprimer les diverses contraintes auxquelles il est confronté, qu'elles soient d'ordre naturel, biologique ou moral.

Cette représentation de la liberté, très présente dans la culture occidentale contemporaine, se retrouve sous de nombreuses plumes. Ainsi, le sujet moderne est défini par le sociologue Alain Touraine comme autocréateur et autotransformateur. Il est un « créateur libre et créateur de liberté[12] » qui se doit de se libérer de toutes les contraintes naturelles ou morales qui viendraient de l'extérieur. Le philosophe Hartmut Rosa renchérit en affirmant que le cœur du projet de la modernité consiste en une « lutte pour l'émancipation des obstacles politiques, structurels et institutionnels afin de réaliser cette autonomie[13] ». Il insiste : le projet de la modernité « implique le désir de contrôler les forces de la nature : si la vie doit être modelée par l'auto-détermination humaine, les restrictions "aveugles" imposées par la nature doivent être affrontées et surpassées à l'aide de la science moderne, de la technologie, de l'éducation et d'une économie puissante[14] ». Cette auto-détermination inclut les « caractéristiques de notre corps – notre sexe et nos gènes – », auto-détermination qui « prolonge l'impulsion de la modernité et sa

nature avant l'instauration du pacte social, la culture occidentale, ces dernières décennies, a tendu à se l'approprier.

11 Jean-Paul Sartre, « La liberté cartésienne », *Situations I*, Paris, Gallimard, 1947, p. 289-308, p. 307. « Notre liberté n'est bornée que par la liberté divine » (*Ibid.*).

12 Alain Touraine, *Nous, sujets humains*, Paris, Seuil, 2015, p. 108.

13 Hartmut Rosa, *Aliénation et accélération. Vers une théorie critique de la modernité tardive*, traduit par Thomas Chaumont, Paris, La Découverte / Poche, 2014, p. 69-70 [*Alienation and Acceleration : Towards a Critical Theory of Late-Modern Temporality* (2010), Kopenhagen, Nordic Summer University Press, 2014, p. 53 : « the struggle for emancipation from political, structural and institutional obstacles for the realization of this autonomy »].

14 *Ibid.*, p. 107 [p. 78 : « This project also entails the desire to control the forces of nature : If life is to be shaped by human self-determination, the 'blind' restrictions imposed by nature need to be tackled and overcome with the help of modern science, technology, education, and a powerful economy. »].

promesse d'autonomie[15] » qui consiste à être libéré « des pressions et limitations extérieures[16] ».

Le cœur du mouvement transhumaniste – achèvement du projet moderne de libération de l'humanité grâce à la pensée technique qui conçoit le monde comme un problème à résoudre – réside dans le caractère individualiste de l'auto-transformation illimitée avec pour idéal, précise Gilbert Hottois, « une liberté émancipée des contraintes de toute forme définitive ou immuable[17] ». Le gynécologue Israël Nisand résume bien cet idéal d'une liberté enfin libérée de toutes les contraintes : l'objectif est de « s'échapper[18] » soi-même des limites imposées par la nature en refaisant ou plutôt en recréant le monde, y compris « ce corps fragile et peu performant » qu'est le corps humain soumis à la maladie, au vieillissement et, en définitive, à la mort. Cette liberté-là promet « qu'une créature va pouvoir faire retour dans la création pour se refaire et se poser comme son propre créateur[19] », et vivre enfin « dans une jouissance sans frein et sans fin[20] ». Ces lignes font écho à ce que Hannah Arendt décrivait, en 1958 déjà, comme l'idéal de l'homme moderne, qui consiste à s'émanciper des limites de la nature, y compris de celles de la terre perçue comme une prison : « l'évasion des hommes hors de la prison terrestre[21] ». Il s'agit de répudier non seulement Dieu, mais aussi la « Terre Mère », à l'origine « de toute créature vivante[22] », bref de s'émanciper des lois écologiques inhérentes à la Nature. L'objectif ultime est « d'échapper à la condition humaine[23] », en vue de créer le nouvel homme qui serait le

15 *Ibid.*, p. 108 [p. 78 : « Hence, even our late-modern aspiration towards self-determination of the features of our bodies – our sex or our genes – simply follows modernity's impulse and promise of autonomy. »].

16 *Ibid.*, p. 110 [p. 80 : « from external pressures and limitations »].

17 Gilbert Hottois, *Le Transhumanisme est-il un humanisme ?*, Bruxelles, Académie royale de Belgique, 2014, p. 53.

18 Israël Nisand, « L'humanité arrive à une croisée de chemins », dans Jean-François Mattei et Israël Nisand, *Où va l'humanité ?*, Paris, Éditions les liens qui libèrent, 2013, p. 13-37, p. 15.

19 *Ibid.*, p. 27.

20 *Ibid.*, p. 30.

21 Hannah Arendt, *Condition de l'homme moderne* (1958), traduit par Georges Fradier, Paris, Calmann-Lévy, 2001, p. 33 [*The Human Condition*, Chicago, The University of Chicago Press, 1998^2, p. 1 : « escape from men's imprisonment to the earth »].

22 *Ibid.*, p. 34 [p. 2 : « Earth who was the Mother of all living creatures »].

23 *Ibid.*, p. 35 [p. 2 : « to escape the human condition »].

résultat d'un « ouvrage de ses propres mains[24] ». Le biologiste Jacques Testart résume bien le projet transhumaniste : celui-ci « ambitionne de prendre le relais de l'évolution, pour construire un humain libéré des servitudes corporelles. L'homme devient ainsi créateur de l'homme[25] ».

En bref, on peut affirmer que l'objectif ultime du projet de la modernité, interprété à l'aune de la postmodernité, consiste à se débarrasser des multiples contraintes auxquelles l'être humain incarné est astreint pour aboutir à l'homme nouveau, affranchi de tout ordre qui lui préexisterait et qui le déterminerait, enfin pleinement libre grâce au contrôle d'un monde réduit à un problème et soumis aux finalités voulues par la liberté. « L'homme deviendrait ainsi tout-puissant », parce que, précise Jean-François Braunstein, « tout serait "à sa disposition" », et « qu'il n'y aurait désormais plus de négatif ni d'altérité radicale[26] ».

Parmi les nombreuses entraves à la liberté auto-fondatrice qui joue un grand rôle dans la culture occidentale contemporaine, il en existe une toute particulière, et qui ne cesse de lui donner du fil à retordre : la mort. N'est-elle pas, en dernière instance, de par sa constante présence, une négation de la liberté ? Le caractère mortel de l'homme ne conduit-il pas à ne voir dans la liberté qu'une rhétorique creuse, vidée de son sens ? Le scientifique Aubrey de Grey, co-fondateur de la fondation Methuselah et défenseur du transhumanisme, note que « le fait toujours renouvelé de la mort rend en fin de compte tout discours sur la liberté futile. Des conceptions courageuses de la liberté qui acceptent passivement la certitude de la disparition personnelle sont de plus en plus perçues comme une rhétorique creuse[27] ». Quant à ces « conceptions courageuses », nommons-en deux, puis nous présenterons ce que propose le transhumanisme.

---

24 *Ibid.* [p. 3 : « for something he has made himself »].

25 Jacques Testart et Agnès Rousseaux, *Au péril de l'humain. Les promesses suicidaires des transhumanistes*, Paris, Seuil, 2018, p. 11.

26 Jean-François Braunstein, *La Philosophie devenue folle. Le genre, l'animal, la mort*, Paris, Grasset, 2018, p. 381.

27 Aubrey David Nicholas Jaspers De Grey, « Immortalité : l'ultime conquête de la liberté », mars 2013 : http://editions-hache.com/essais/pdf/nicholas1.pdf [« Immortality : liberty's final frontier » : « The continuing fact of death renders all talk of liberty ultimately futile. Brave notions of freedom which passively accept the certainty of personal extinction are increasingly seen as so much empty rhetoric. » http://www.libertarian.co.uk/lapubs/cultn/cultn027.pdf].

LE PROJET DE CONTRÔLER LA MORT

La première proposition avancée pour ne pas se laisser déstabiliser par la mort n'est pas nouvelle : empruntée aux premiers stoïciens, elle a été revisitée voilà peu. Il s'agit d'une attitude selon laquelle il ne faut se préoccuper que des événements, des idées et des désirs qui font l'objet de nos choix, à savoir de notre volonté contrôlante. Quant à ceux qui échappent à cette dernière, il ne faut pas s'en soucier et se résigner à leur réalité. Il en va ainsi, par exemple, du temps qui ne cesse de passer, de la vieillesse, et de la mort sur laquelle la volonté n'a aucune prise. Le philosophe André Comte-Sponville résume bien cette idée centrale : le sujet « ne désire que ce qui dépend de lui (ses volitions) ou que ce qu'il connaît (le réel)[28] », excluant par là même toute réalité qui ne dépend pas de sa volonté, tout ce qui échappe à son contrôle, tel que la mort ou des objets désirés qu'il n'est pas en mesure d'obtenir par lui-même et qui peuvent faire l'objet de son espérance. Il s'agit en définitive de se concentrer uniquement sur ce qui « dépend de toi[29] », c'est-à-dire « de ne plus dépendre de rien, sauf de l'univers[30] » dont on ne peut changer la structure. On se doit d'accepter les déterminismes propres à la vie humaine, « la vie souffrante, solitaire, mortelle[31] ». Il s'agit de renoncer à être déstabilisé par les maux face auxquels nous sommes impuissants, sur lesquels nous n'avons aucune prise, et de vivre dans un présent que l'on contrôle. Cette attitude de renoncement permet « d'être libre, si nécessairement et si parfaitement libre[32] » que rien ne perturbe plus le sujet, pas même la mort. Le renoncement à désirer des objets qui échappent à la volonté contrôlante et le choix de se retrancher dans sa tour d'ivoire trouvent leur explication ultime dans la crainte non seulement d'être déstabilisé, mais surtout de ne pas être

---

28 André Comte-Sponville, *Le Bonheur, désespérément*, Éditions Pleins Feux, Nantes, 2000, p. 49.

29 *Ibid.*, p. 48.

30 Id., *L'Esprit de l'athéisme. Introduction à une spiritualité sans Dieu*, Paris, Albin Michel, 2006, p. 199.

31 Id., *Traité du désespoir et de la béatitude* (1984), Paris, Presses Universitaires de France, 2011, p. 686.

32 Id., *L'Esprit de l'athéisme*, *Op. cit.*, p. 199.

son propre souverain et de devoir s'en remettre à un autre. Le refus de la mort comprise ici comme une réalité qui échappe au contrôle du sujet s'explique au bout du compte par la supposition que la perte de contrôle restreindrait la liberté du sujet et irait ainsi à l'encontre de sa dignité. En d'autres termes, la dignité du sujet ne serait préservée que s'il pouvait décider lui-même de la manière dont il mourrait.

D'après la seconde proposition, la mort n'est pas un événement accidentel, qui viendrait de l'extérieur ; elle est la manière d'être la plus personnelle de l'homme. Ou, pour le dire autrement, le fait d'être mortel définit le sujet. La mort est, pour reprendre la terminologie du philosophe Martin Heidegger, la possibilité par excellence qui ne saurait être dépassée. En d'autres termes, la mort est conçue comme constitutive de l'être humain : il se doit de faire sienne cette relation à la mort s'il veut pleinement être ce qu'il est : un être-vers-la-mort. Heidegger est on ne peut plus clair : « La mort est une possibilité d'être que le *Dasein* doit, à chaque fois, assumer lui-même[33]. » La grandeur humaine réside dans l'acceptation de son être-vers-la-mort, qui assume authentiquement la radicale finitude de l'homme. Levinas décrit cette attitude comme une « lucidité suprême et, par-là, une virilité suprême[34] ». Il poursuit ainsi : « C'est l'assomption de la dernière possibilité de l'existence par le *Dasein*, qui rend précisément possibles toutes les autres possibilités, qui rend par conséquent possible le fait même de saisir une possibilité, c'est-à-dire l'activité et la liberté. La mort est, chez Heidegger, événement de la liberté[35]. » En d'autres termes, le fait de voir en face la mort de manière virile, dans une attitude d'authenticité, est un acte de liberté purement active qui refuse de se laisser dessaisir par l'altérité de la mort.

Aubrey de Grey qualifie, comme nous l'avons déjà mentionné, les conceptions de la liberté qui acceptent passivement la mort comme révélatrice d'une rhétorique vide eu égard à la liberté. En effet, l'appel à la liberté absolue est vain tant que la mort est là. Pour que l'être humain puisse enfin être pleinement libre et que le projet de la modernité puisse devenir réalité, il s'agit de l'éliminer. Cette proposition se

33 Martin Heidegger, *Être et temps* (1927), traduit par François Vezin, Paris, Gallimard, 1986, p. 305 [*Sein und Zeit*, Tübingen, Max Niemeyer, 1986[16], p. 250 : « Der Tod ist eine Seinsmöglichkeit, die je das Dasein selbst zu übernehmen hat. »].

34 Emmanuel Levinas, *Le Temps et l'Autre* (1979), Paris, Presses Universitaires de France, Quadrige, 1983, 2004[9], p. 57.

35 *Ibid.*, p. 57.

différencie des deux précédentes attitudes par son refus du défaitisme et de la passivité qui les caractérise. Il ne s'agit plus de s'accommoder de la mort en se réfugiant dans sa tour d'ivoire ou en s'y confrontant de manière virile afin que la liberté ne soit pas perturbée par la mort, mais bien au contraire de se révolter contre elle. Cette révolte n'a rien à voir avec la rébellion désespérée qu'Albert Camus met en scène dans *L'Homme révolté*, destinée à conjurer l'absurdité de l'existence, mais bien plutôt avec une véritable déclaration de guerre en vue d'éradiquer le problème de la mort. Si la mort ne devait pas être vaincue, la vie n'aurait pas de sens, souligne Camus, bien avant Aubrey de Grey : « Si rien ne dure, rien n'est justifié, ce qui meurt est privé de sens. Lutter contre la mort revient à revendiquer le sens de la vie[36] ».

L'objectif réside dès lors à nier radicalement la mort, réalité indépassable pour la liberté, en prenant à bras-le-corps le problème de la mort grâce à la science et à la technologie qui en favoriseraient la prise de contrôle. Le romancier Alan Harrington résuma bien, dès 1969, cette mise à mort de la mort dans les premières pages de *The Immortalist* : « La mort qui s'impose à la race humaine n'est plus acceptable. Bien que les hommes et les femmes aient tout, ils ont perdu la capacité de s'accommoder de leur propre disparition ; ils doivent maintenant se dépenser pour la vaincre. En bref, tuer la mort ; mettre un terme à la mort comme conséquence inéluctable de la naissance[37] ». Pour ce faire, l'homme doit entreprendre une conversion : comme il n'accepte plus que certains déterminismes de la nature humaine échappent à la raison et à la volonté, il est impératif qu'il éprouve une foi nouvelle et radicale dans la technologie, laquelle relève du monde du problème et serait en mesure de le libérer enfin de l'obstacle ultime à sa liberté qu'est la mort.

> Cette nouvelle foi que nous devons avoir est celle en ce que, grâce à la technologie à notre disposition, la mort sera vaincue dans un proche avenir. Cette foi doit aussi remettre entre les mains de l'ingénierie médicale l'idée de salut. Nous devons chasser les dieux du doute et de l'auto-flagellation. Notre nouvelle foi doit accepter comme évangile que le salut relève de l'ingénierie

36 Albert Camus, *L'Homme révolté* (1951), Paris, Gallimard, 2017, p. 132.

37 Alan Harrigton, *The Immortalist*, Millbrae California, Celestial Arts, 1969, p. 3 : « Death is an imposition on the human race, and no longer acceptable. Men and women have all but lost their ability to accommodate themselves to personal extinction ; they must now proceed physically to overcome it. In short, to kill death ; to put an end to mortality as a certain consequence of being born ».

> médicale, de rien d'autre ; que le destin de l'homme dépend en premier lieu de la bonne utilisation de ses compétences techniques ; que nous ne pouvons façonner notre liberté ni à partir de la mort, ni à partir de prières ; que nos messies porteront des blouses blanches, pas celles des asiles mais celles des laboratoires de chimie et de biologie[38].

Le chirurgien Laurent Alexandre appuie, quarante ans plus tard, cette idée en faisant pleinement sienne la foi transhumaniste : « l'idée que la mort est un *problème à résoudre* et non une *réalité imposée* par la Nature où la volonté divine va s'imposer[39] ». La mort n'est plus perçue comme une nécessité de la vie organique, propre à l'ordre du monde et à l'être humain, mais comme un accident de parcours que l'on peut et doit éviter à l'aide de la science, laquelle « va nous permettre de prendre notre destin en main[40] ». Testart résume ainsi l'attitude des transhumanistes envers la mort : « Et pour le transhumanisme, notre condition humaine, notre finitude, nos faiblesses, nos manques ne sont désormais qu'un problème pratique, en attente de résolution technique[41]. »

Si l'on veut supprimer la mort, c'est à cause, en dernier recours, du désir d'être pleinement libre c'est-à-dire, selon le projet moderne, d'être libéré de toutes contraintes. La mort représente, en effet, comme nous l'avons déjà dit, le dernier obstacle à la liberté, empêchant de « s'autodéterminer radicalement[42] », comme le voudrait Edgar Morin. Selon Hottois, qui s'exprime presque un demi-siècle plus tard que ce dernier, la suppression de la mort permettrait « une liberté émancipée des contraintes de toute forme définitive ou immuable[43] ». L'euthanasie de la mort rendrait l'être humain enfin libre, comme l'explique Mike Treder, dans le collectif intitulé « The Scientific Conquest of Death » : la promesse de « vivre éternellement, affranchis de toute maladie, souffrance,

38 *Ibid.*, p. 21 : « This new faith we must have is that with the technology at our disposal in the near future death can be conquered. This faith must also weld Salvation to Medical Engineering. We must drive away the gods of doubt and self-punishment. Our new faith must accept as gospel that salvation belongs to medical engineering and nothing else ; that man's fate depends first on the proper management of his technical proficiency ; that we can only engineer our freedom from death, not pray for it ; that our messiahs will be wearing white coats, not in asylums but in chemical and biological laboratories. ».

39 Laurent Alexandre, *La Mort de la mort. Comment la technomédecine va bouleverser l'humanité*, Paris, JC Lattès, 2011, p. 12.

40 *Ibid.*, p. 15.

41 Jacques Testart et Agnès Rousseaux, *Au péril de l'humain*, *Op. cit.*, p. 11.

42 Edgar Morin, *L'Homme et la Mort* (1970), Seuil, Paris, 1976, p. 348.

43 Gilbert Hottois, *Le transhumanisme est-il un humanisme ?*, *Op. cit.*, p. 53.

et déficience physique » implique que nous serons enfin « libres de faire tout ce que nous voulons de nos vies[44] ». L'affranchissement des obstacles physiques, psychiques et intellectuels permettra à l'humanité d'atteindre cette liberté absolue, « la maîtrise totale de soi et du monde[45] », précise Alexandre. L'euthanasie de la mort affranchira l'homme de « la servitude d'une nature cruelle et brutale ». Elle lui permettra de « s'arracher à la Nature[46] », « d'échapper à la tyrannie du destin, de la Nature[47] », pour enfin « décider de son avenir[48] ». Nous serons des dieux, pour reprendre à nouveau le romancier Harrington : « D'abord, il nous faut adopter une attitude toute nouvelle. Nous devons cesser de plier devant le cosmos et affirmer qui nous sommes. Comme nous avons inventé les dieux, nous pouvons nous transformer en dieux. La mort ne fait plus partie de nos plans. Tout juste bonne pour les animaux et les plantes, une disparition vide de sens devient absurde lorsqu'elle est infligée à une espèce qui possède l'intelligence et la capacité de réfléchir au sens des choses. Voilà cinq mille ans que l'évolution de l'intelligence humaine a fait de la mort, appliquée à l'homme, une chose inadéquate et dépassée. Aujourd'hui, comme l'humanité est de moins en moins capable de tolérer un éventuel non-être, si on ne fait pas rapidement de la mort un objet obsolète, c'est nous-mêmes qui le deviendrons[49] ».

---

44 Mike Trider, « Emancipation from Death », *The Scientific Conquest of Death. Essays on Infinite Lifespans*, Immortality Institute, LibrosEnRed, 2004, p. 187-196, p. 190 : « live forever free from illness, disease, and physical disability » ; « free to do whatever we want with our lives ».

45 Laurent Alexandre, *La Mort de la mort*, *Op. cit.*, p. 15.

46 *Ibid.*, p. 81.

47 *Ibid.*, p. 80.

48 *Ibid.*, p. 81.

49 Alan Harrington, *The Immortalist*, *Op. cit.*, p. 203 : « Needed, for one thing, is a bold new attitude. We must stop apologizing to the cosmos and affirm who we are. Having invented the gods, we can turn into them. Death no longer fits into our plans. Conceivably suitable for animals and plants, meaningless extinction becomes improper when inflicted on a species possessing ability to reflect and care about meaning. Five thousand years ago the evolution of human intelligence made death, as applied to our side, inappropriate and obsolescent. Today, with advance elements of humanity no longer able to tolerate eventual non-being, either death must soon become obsolete or we will. ».

LA MORT COMME RÉVÉLATRICE DE LA PASSIVITÉ DU SUJET

La culture occidentale contemporaine se caractérise, nous l'avons vu, par la réduction du réel à la dimension du problème, ce qui implique d'exclure le mystère du domaine du réel et de la rationalité ; et cela vaut particulièrement pour la mort. Or, le mystère n'est pas de l'ordre de l'irrationalité, d'un manque de connaissance, de « ce qui est inconnu, et dont nous aurons », précise Levinas, « à établir la signification positive[50] ». Le mystère fait, au contraire, intégralement partie de la rationalité, tout en conduisant, cependant, le sujet rationnel à dépasser ce qu'il contrôle par sa raison analytique, c'est-à-dire sa volonté de contrôle. Un mystère, souligne Marcel, « est quelque chose en quoi je suis moi-même engagé, et qui n'est par conséquent pensable que comme *une sphère où la distinction de l'en soi et du devant moi perd sa signification et sa valeur initiale*[51] ». Le mystère implique une dimension d'être plus large que celle que peut concevoir la raison contrôlante pure, la raison technique. Il s'agit d'une appréhension rationnelle d'une « réalité dont les racines plongent au-delà de ce qui est à proprement parler problématique[52] ». Ou, pour reprendre les mots de Karl Jaspers : « Philosopher, c'est connaître la modestie profonde qu'imposent les limites du savoir scientifique possible, c'est s'ouvrir entièrement à l'inconnaissable qui se révèle au-delà. Ici s'arrête la connaissance, mais non la pensée[53]. » Dès lors, penser la mort uniquement dans les limites conceptuelles de la notion de problème est profondément réducteur et dénature l'épaisseur de cette réalité qui ne cesse d'accompagner toute vie humaine. La mort à la première personne

50 Emmanuel Levinas, *Le Temps et l'Autre*, *Op. cit.*, p. 20.

51 Gabriel Marcel, *Être et avoir*, *Op. cit.*, p. 169.

52 Id., *Position et approches concrètes du mystère ontologique*, *Op. cit.*, p. 61. « [U]n mystère c'est un problème qui empiète sur ses propres données, qui les envahit et se dépasse par là même comme simple problème », p. 57.

53 Karl Jaspers, *Introduction à la philosophie*, traduit par Jeanne Hersch, Paris, Plon, 1981, 1997, p. 136 [*Einfürung in die Philosophie* (1950), München, Pieper Verlag, 1973[15], S. 97 : « Wer kein Geheimnis mehr kennt, sucht nicht mehr. Philosophieren kennt mit der Grundbescheidung an den Grenzen der Wissensmöglichkeiten die volle Offenheit für das an den Grenzen des Wissens sich unwißbar Zeigende. An diesen Grenzen hört zwar das Erkennen, aber nicht das Denken auf. »].

est de cet ordre : « C'est lui le grand mystère[54]. » Jankélévitch précise que « le mystère de la mort est indicible et opaque en lui-même, que seul est dicible le pourtour adjectival de ce mystère[55] », c'est-à-dire les diverses manifestations des phénomènes de la mort qui peuvent être saisies dans le cadre de la problématisation.

La distinction entre problème et mystère, en lien avec la question de la mort humaine, n'est pas si anodine. Elle renvoie, en effet, à une réflexion plus fondamentale qui se situe sur un plan anthropologique et qui sous-tend l'intuition de Bobin cité en guise d'exergue. Affirmer que la mort relève uniquement d'un problème implique une définition totalisante de la raison dans le sens où n'existerait que ce que la raison est en mesure d'assimiler, d'absorber, de comprendre, au sens de « *cum-prendere* », « prendre avec soi », « faire totalement sien ». Réduire le réel à un problème implique – tel est l'enjeu – de nier toute altérité radicale avec laquelle le sujet connaissant et libre entrerait en relation autrement que comme un sujet contrôlant et agissant. Levinas résuma bien cette problématique, au cœur du débat occidental autour de la mort, dans la première moitié du XXIe siècle : « La mort comme mystère tranche sur l'expérience ainsi comprise » [à savoir celle où il y a un « retour de l'objet vers le sujet » qui s'exprime par l'assimilation, le *cum-prendere*]. Dans le savoir, toute passivité est, par l'intermédiaire de la lumière [c'est-à-dire la connaissance qui est réduite à la compréhension totale de l'objet connu], activité. L'objet que je rencontre est compris et, somme toute, construit par moi, alors que la mort annonce un événement dont le sujet n'est pas le maître, un événement par rapport auquel le sujet n'est plus sujet[56]. » Cette « passivité » du sujet ne se situe pas uniquement sur le plan de la raison, mais également sur celui de la volonté, comme nous allons le voir.

Levinas propose de déplacer la réflexion sur la mort en ne prenant pas comme point de départ son néant, à l'instar de Heidegger, mais bien plutôt « une situation où quelque chose d'absolument inconnaissable apparaît ; absolument inconnaissable, c'est-à-dire étranger à toute lumière, rendant impossible toute assomption de possibilité, mais où nous-mêmes sommes saisis[57] ». La mort n'est pas au bout du compte un problème à

---

54 Vladimir Jankélévitch, *Penser la mort ?*, *Op. cit.*, p. 36.
55 Id., *La Mort*, Paris, Flammarion, 1977, p. 132.
56 Emmanuel Levinas, *Le Temps et l'Autre*, *Op. cit.*, p. 57.
57 *Ibid.*, p. 58.

résoudre, mais une réalité qui relève de l'ordre du mystère et qui révèle une dimension anthropologique fondamentale. Le fait que la mort est de l'ordre de l'inconnaissable et du mystère ne signifie cependant pas qu'elle est étrangère à la raison, mais bien plutôt qu'elle échappe à la tentative rationnelle de catégorisation, de compréhension, de possession.

Le point de départ de la réflexion de Levinas surgit de cette expérience de la pensée rationnelle quand le sujet sort de soi pour aller vers l'objet connaissable et revient vers soi en l'ayant assimilé. Ne cessant de revenir sur soi, n'étant pas en mesure de réellement sortir de soi, le sujet fait l'expérience de la solitude fondamentale, d'un renfermement sur soi que Levinas appelle un « enchaînement à soi ». Cette « nécessité de s'occuper de soi » est dite « matérialité du sujet[58] ». Cette expérience fait que le sujet est « encombré par soi-même[59] » et qu'« il s'embourbe en lui-même[60] ». Ce monde du problème exclut toute altérité, étant donné que le sujet ramène tout à lui-même : « La connaissance ne rencontre jamais dans le monde quelque chose de véritablement autre[61]. » Pour sortir de cette solitude, le sujet se doit d'être arraché à lui-même. Comment ? De manière toute particulière, par la mort.

Si la mort échappe à la compréhension, ce n'est pas parce qu'elle appartient à un domaine que personne n'a parcouru, dont personne n'est revenu pour nous dire quel effet cela fait d'être mort, mais bien plutôt parce que « la relation même avec la mort ne peut se faire dans la lumière[62] », c'est-à-dire dans la connaissance pleine de son objet, car « le sujet est en relation avec ce qui ne vient pas de lui. Nous pourrions dire qu'il est en relation avec le mystère[63] ». L'expérience que fait le sujet face à la mort n'est pas celle d'un sujet actif, qui exerce un pouvoir de contrôle sur le réel, mais celle d'un sujet vulnérable, expérimentant « la passivité[64] ». Le sujet découvre face à sa mort que « le sujet n'est plus sujet[65] » ; il n'est plus ni maître de lui ni maître du monde par la connaissance toute-puissante. « La mort vient d'un instant sur lequel,

58 *Ibid.*, p. 36.
59 *Ibid.*, p. 37.
60 *Ibid.*, p. 51.
61 *Ibid.*, p. 53.
62 *Ibid.*, p. 56.
63 *Ibid.*
64 *Ibid.*, p. 57.
65 *Ibid.*

sous aucune forme, je ne peux exercer mon pouvoir[66]. » La mort fait apparaître une réalité qui échappe radicalement à la connaissance et à sa réduction à soi au moment de la compréhension ; bref, elle échappe à toute prise de pouvoir. La mort révèle, telle est la thèse principale de Levinas, que « nous-mêmes sommes saisis[67] ».

La mort annonce ainsi un profond renversement anthropologique, celui de l'activité du sujet au cœur de sa passivité, de son contrôle au cœur de sa réceptivité. La mort signe la fin des pouvoirs du sujet, la fin du sujet indépendant, du sujet viril heideggérien. Elle lui révèle qu'il est dessaisi de son pouvoir en lui faisant faire « l'expérience » de ne pas être aux manettes de son existence et d'être saisi par une altérité radicale qui échappe à toute capacité de sa part de la contrôler. Cette passivité à l'égard de la mort est tout aussi présente au cas où le sujet décidait de se suicider.

La mort, comme d'ailleurs la souffrance et l'amour, révèle, selon Levinas, « qu'à un certain moment nous ne *pouvons* plus pouvoir » : « Le sujet perd sa maîtrise même de sujet[68]. » La mort révèle en définitive que « nous sommes en relation avec quelque chose qui est absolument autre[69] » et qui vient briser notre solitude première. Le sujet fait l'expérience, face à la mort, d'un événement qui échappe à ses prétentions et « à l'égard duquel il est pure passivité, qui est absolument autre, à l'égard duquel il ne peut plus pouvoir[70] ». Levinas va même jusqu'à soutenir que c'est uniquement lorsque le sujet se trouve dans cette situation de ne plus pouvoir que la relation avec l'altérité devient possible. « [S]eul un être arrivé à la crispation de sa solitude par la souffrance et à la relation avec la mort, se place sur le terrain où la relation avec l'autre devient possible. Relation avec l'autre qui ne sera jamais [s'opposant par là même à l'être-vers-la-mort de Heidegger] le fait de saisir une possibilité[71]. » On pourrait ajouter que c'est lorsque l'être humain se trouve dans une impasse du point de vue rationnel, à savoir du point de vue de la culture du problème, que l'espérance fondamentale, distincte de la prospective rationnelle, est à même de surgir.

66 Id., *Totalité et infini. Essai sur l'extériorité*, La Haye, Martinus Nijhoff, 1965, p. 211.
67 Id., *Le Temps et l'Autre*, *Op. cit.*, p. 58.
68 *Ibid.*, p. 62.
69 *Ibid.*, p. 63.
70 *Ibid.*, p. 71.
71 *Ibid.*, p. 64.

La relation envers la mort révèle la dimension de passivité du sujet – l'acceptation qu'il existe une dimension d'être antérieure à la liberté et qui la détermine – à l'intérieur de laquelle celui-ci n'a plus aucun choix à poser, si ce n'est s'ouvrir à l'avenir qui échappe radicalement à toute raison contrôlante, prédictive. La mort est, pour reprendre les mots de Levinas, « ce qui n'est pas saisi, ce qui tombe sur nous et s'empare de nous[72] ». Bien qu'elle soit une altérité, elle implique l'aliénation de l'existence du sujet, car « c'est de nous qu'il est fait abstraction[73] ». C'est cette suppression de la personne même qui permet d'affirmer que la mort, y compris celle du suicidé, est toujours une mort violente. La mort est un mal, car elle dérobe l'existence à la personne incarnée ; elle implique le fait « de *cesser* d'exister[74] » dans ce monde, et non pas simplement parce qu'elle prive quelqu'un d'une certaine qualité de vie.

On peut donc se demander s'il existe une altérité qui préserve la personnalité. Une telle altérité se révèle, pour Levinas, dans la rencontre du visage d'autrui. « Cette situation où l'événement arrive à un sujet qui ne l'assume pas, qui ne peut rien pouvoir à son égard, mais où cependant il est en face de lui d'une certaine façon, c'est la relation avec autrui, le face-à-face avec autrui, la rencontre d'un visage qui, à la fois, donne et dérobe autrui. L'autre "assumé" – c'est autrui[75]. » Dans la relation érotique, où autrui reste une altérité, où autrui n'est pas réduit à une chose connue du sujet, ce dernier fait l'expérience qu'il n'est plus en mesure de pouvoir, et cela tout en continuant à exister dans ce monde, contrairement à la mort. Bref, le visage d'autrui, dans la relation érotique, révèle que le monde ne se laisse pas comprendre, qu'il se caractérise tout au contraire par le mystère. Il nous fait aller au-delà de tout contrôle raisonnable et volontaire.

---

72 *Ibid.*
73 Id., *La Mort et le Temps*, Paris, L'Herne, 1991, p. 89.
74 Vladimir Jankélévitch, *La Mort*, *Op. cit.*, p. 407.
75 *Ibid.*, *Le Temps et l'Autre*, *Op. cit.*, p. 67.

LA MORT, RÉVÉLATION D'UNE AUTHENTIQUE LIBERTÉ

La perception du monde comme problème conduit, paradoxalement, à la réification, à la chosification, à la dépersonnalisation en somme croissantes de l'être humain. Le monde du problème tend en effet à se faire totalisant. Alors que, dans le programme cartésien, il étend son emprise sur le monde physique qui nous entoure – « devenir maître et possesseur de la nature[76] » –, dans celui des transhumanistes, il le fait sur la nature tout entière, y compris sur l'être humain, et cela au nom de la primauté de la liberté indéterminée et autosuffisante. Le fait que la culture contemporaine tende de plus en plus à considérer le monde sous l'angle du problème implique que même la personne humaine risque de se dissoudre dans le monde du problème, devenant elle-même un objet parmi d'autres, susceptible d'être manipulé et rectifié, réduit « à une sorte de machine[77] ». En tant qu'objet de la science et de la technique, elle est perçue, souligne Günther Anders, comme une « matière première[78] » dont la singularité serait gommée. Elle est privée de sa subjectivité, de « toute espèce de vie intérieure[79] », comme l'a bien vu Georges Bernanos, et considérée comme un être indifférencié, donc interchangeable, caractérisé par des propriétés destinées à être améliorées. Problématiser le monde, comme le fait le transhumanisme, c'est évincer de lui le monde du mystère auquel appartient l'intériorité subjective de toute personne. Le philosophe Olivier Rey décrit ainsi la dissolution de l'être humain dans ce sur quoi il règne : « Dans un monde purgé de ses fins, réduit à n'être qu'un réservoir de moyens au service des finalités humaines, ces finalités se dissolvent à leur tour – plus exactement, la

76 René Descartes, *Discours de la méthode* (1637), Paris, GF Flammarion, 2000, 6e Partie, p. 99.

77 Gabriel Marcel, « Le primat de l'existentiel. Sa portée éthique et religieuse », *Actas del Primer Congreso Nacional de Filosofía* (Mendoza, 1949), Universidad Nacional de Cuyo, Buenos Aires, 1950, tome I, p. 408-415, p. 413.

78 Günther Anders, « Introduction. Les trois révolutions industrielles » (1979), dans *L'Obsolescence de l'homme*, tome II, traduit par Christophe David, Paris, Éditions Fario, 2011, p. 15-33, p. 22.

79 George Bernanos, *La France contre les robots* (1947), Le Pré-Saint-Gervais, Le Castor Astral, 2017, p. 83.

seule finalité qui demeure est le déploiement toujours accru de moyens, dont les êtres humains se mettent à faire eux-mêmes partie[80] ».

Ce monde du problème conduit également à faire disparaître une autre attitude essentielle de l'être humain, attitude qui présuppose l'existence d'une réalité qui échappe à tout contrôle : la contemplation. Marcel souligne, à juste titre, que dans le monde du problème totalisant la possibilité de la « contemplation tend à s'anéantir – précisément parce que l'existentiel disparaît au sein de l'objectif[81] ». Dans le monde du tout naturel, où le vivant est privé de toute finalité, « s'atrophient [...] les puissances d'émerveillement », dans le sens de « *wunder* et *wonder*[82] ».

La réduction du réel à ce qui est susceptible d'être maîtrisé, au nom d'une libération de la liberté de tout déterminisme, de toute contrainte, y compris de la mort, implique en définitive le refus d'une attitude fondamentale de l'existence humaine : celle de l'émerveillement et de l'authentique présence aux choses. On ne contemple pas une chose que l'on scrute, que l'on analyse, que l'on essaie de saisir en vue de la posséder, de la contrôler. On n'est pas non plus en sa présence. On peut distinguer, à la suite de Marcel, deux attitudes distinctes : celle de la saisie et celle l'accueil. « La saisie porte sur l'objet, l'accueil s'adresse à la présence ; car la présence en tant que telle ne pourrait être saisie ou capturée sans être aussitôt détruite[83]. » Cette présence se caractérise par une ouverture au réel, une disponibilité réceptive, une écoute silencieuse, une entrée en relation avec le réel, autant d'attitudes qui ne relèvent pas d'un désir de contrôle, mais de la capacité à se laisser surprendre et saisir par ce qui va advenir, par l'épaisseur du réel, qui est de l'ordre du mystère. Cette présence implique également que le réel soit perçu non plus uniquement sous l'angle d'un donné à connaître, mais d'un présent, compris comme don, qui échappe à toute volonté de contrôle. Laissons la parole au poète Hermann Hesse, qui décrit à merveille l'expérience de la vieillesse vécue comme présence au présent-don du réel, lequel se révèle à celui qui se dessaisit de sa volonté de contrôle pour adopter une attitude de disponibilité, d'ouverture et de confiance :

80 Olivier Rey, *Leurre et malheur du transhumanisme*, Paris, Desclée de Brower, 2018, p. 149.

81 Gabriel Marcel, « Le primat de l'existentiel. Sa portée éthique et religieuse », *Op. cit.*, p. 414.

82 Id., *Position et approches concrètes du mystère ontologique*, *Op. cit.*, p. 50-51.

83 Id., « Le primat de l'existentiel. Sa portée éthique et religieuse », *Op. cit.*, p. 414.

> Je vivais même des moments de ravissement, de révélation [...] Ces événements sont inattendus [...] l'éclosion de ces instants [...] où le sens et la valeur de tout ce qui existe et se produit s'offrent à nous à travers la forme d'un paysage, d'un visage, d'une fleur. [...] où le secret de l'Être se dévoilait ici, et pour celui qui regardait, c'était merveilleux, cela représentait le bonheur, le sens, c'était un présent [...]. L'événement en lui-même se résumait en fait à une apparition, un miracle, un mystère aussi beau que grave, plein de grâce mais aussi implacable[84].

La mort, à condition de la reconnaître comme phénomène d'altérité, révèle que la liberté n'est en dernier ressort ni auto-fondatrice, ni auto-suffisante, ni réduite au champ de ce qui est maîtrisable, mais caractérisée par une relation continuelle avec le réel qui, au lieu d'être perçu comme un obstacle, est reçu comme une donnée première qui échappe radicalement à notre volonté et qui est de l'ordre d'un don. L'enjeu majeur consiste à dépasser cette attitude que décrit le philosophe Michael Sandel, à savoir « le triomphe unilatéral de la volonté sur le don, de la domination sur le respect, de la manipulation sur la contemplation[85] ». La liberté de dominer le monde, comme, plus récemment, la nature humaine ou la mort, trahit une vision erronée de la liberté, car, précise-t-il, « elle menace de faire disparaître notre appréciation du caractère donné de la vie, et de nous laisser sans rien d'autre à affirmer ou à contempler que notre propre volonté[86] ». Telle est l'intuition du poète Bobin dans l'exergue qui introduit cette contribution. Hannah Arendt résume, par ailleurs,

---

84 Hermann Hesse, « Harmonie du mouvement et de l'immobilité », *Éloge de la vieillesse*, traduit par Alexandra Cade, Paris, Calmann-Lévy, 2000, p. 54-62, p. 54-55, 59 [« Einklang von Bewegung und Ruhe », *Mit der Reife wird man immer jünger. Betrachtungen und Gedichte über das Alter*, édité par Volker Michels, Frankfurt am Main, Insel Verlag, 1990, p. 57-65, p. 57-58, 62-63 : « Augenblicke des Entzückens und der Offenbarung [...]. Sie kommen überraschend [...] zur Reife dieser Augenblicke, in welchen im Bilde einer Landschaft, eines Baumes, eines Menschengesichtes, einer Blume [...] sich der Sinn und Wert alles Seins und Geschehens darbietet. [...] es bedeutete das Geheimnis des Seins, und es war schön, war Glück, war Sinn, war Geschenk und Fund für den Schauenden. [...] das Erlebnis selbst war nur Erscheinung, Wunder, Geheimnis, so schön wir ernst, so hold wir unerbitterlich. »].

85 Michael Sandel, *Contre la perfection. L'éthique à l'âge du génie génétique*, traduit par Hélène Valance, Paris, Vrin, 2016, p. 63 [*The Case against Perfection. Ethics in the Age of Genetic Engineering*, The Belknap Press of Harvard University Press, Cambridge (Massachusetts), 2007, p. 85 : « the one-sided triumph of willfulness over giftedness, of dominion over reverence, of molding over beholding »].

86 *Ibid.*, p. 72 [p. 99-100 : « It [this vision of freedom] threatens to banish our appreciation of life as a gift, and to leave us with nothing to affirm or behold outside our own will. »].

bien ce qu'est implicitement l'acceptation de la donation première de l'existence humaine avec ses limites, et comprise comme un « cadeau venu de nulle part (laïquement parlant)[87] ». Accepter que la mort échappe à mon contrôle implique aussi le fait d'accepter de « recevoir la vie comme un don d'une générosité sans prix[88] », souligne à son tour François Cheng. Ce don que Sartre récuse au nom de la liberté auto-fondatrice : « Je ne pouvais pas admettre qu'on reçût l'être du dehors[89] ».

La mort reconnue dans son mystère révèle combien le sujet est originellement passif ; autrement dit, l'existence même n'est pas la résultante d'un pouvoir humain, mais d'un don. En définitive, la liberté ne s'exerce réellement que si elle se laisse saisir par une réalité perçue comme don et, ultimement, comme mystère. La liberté accepte de se défaire de tout contrôle pour se laisser saisir par le réel, y compris celui des inclinations propres à sa structure même, dont le désir d'être heureux est un bon exemple. On trouve une confirmation de cette réalité dans le mouvement écologique du XXIe siècle qui affirme que l'être humain doit – sous peine de mourir – réorienter sa volonté en conformité avec les finalités propres à la Nature. Il n'est du reste pas étranger à la Nature, car il est lui aussi soumis à des finalités qui lui sont propres, tant au niveau physique qu'à un niveau sensible et intellectuel (avec les désirs que cela implique). C'est en s'y conformant que l'être humain se réalise ; c'est en suivant les désirs propres à la volonté – et que la volonté n'a pas choisis, mais qu'elle découvre par l'intermédiaire de la raison – que l'être humain se reçoit dans son propre mystère. Autrement dit, c'est en abandonnant tout contrôle en vue d'une autodétermination absolue que l'être humain acquerra une authentique liberté, laquelle implique la reconnaissance non seulement du monde, mais aussi de soi comme un donné relevant de la gratuité du don. L'être humain n'est ni propriétaire de soi, ni auto-fondateur, ni auto-législateur ; il est le dépositaire d'une vie reçue. La mort, quant à elle, révèle que la liberté ultime se caractérise par la volonté de se laisser saisir par une dimension plus originelle encore. Elle force à l'émerveillement et à la contemplation. De fait, la confrontation réelle avec la mort, c'est-à-dire une rencontre qui échappe à toute tentative

87 Hannah Arendt, *Condition de l'homme moderne*, *Op. cit.*, p. 35 [p. 2-3 : « a free gift from nowhere (secularly speaking) »].

88 François Cheng, *Cinq méditations sur la mort autrement dit sur la vie*, Paris, Albin Michel, 2013, p. 37.

89 Jean-Paul Sartre, *Les Mots*, Paris, Gallimard, « Folio », 1964, p. 192.

de contrôle, confirme que l'existence humaine n'est pas un problème à résoudre, mais un mystère à vivre. L'être humain ne vit pleinement que s'il réapprend à être disponible au réel, dont il fait partie, dans une attitude de réceptivité, d'abandon de tout vouloir contrôler pour s'ouvrir à une dimension d'être qui lui est donnée gratuitement, comme nous en faisons l'expérience, notamment, dans l'amour authentique. La mort révèle qu'à un moment donné l'être humain ne peut plus pouvoir : il est appelé à s'ouvrir librement à une dimension d'être qu'il ne peut maîtriser par ses propres forces, sa propre volonté ; aussi doit-il s'ouvrir pour la recevoir comme un don, une grâce. Concluons en reprenant les termes du philosophe Josef Pieper : « On ne possède que ce qu'on abandonne et on perd ce qu'on cherche à conserver – réaliser cela, et rien d'autre, tel est ce qu'on exige de l'homme, pour la première et unique fois, au moment de sa mort ; et cependant, également ce qui est rendu possible et dont il est capable : perdre sa propre vie, non seulement "en pensée", non seulement "avec de bonnes dispositions", non seulement de façon symbolique et rhétorique, mais au contraire de façon littérale, réelle – afin de la gagner[90] ».

Bernard N. SCHUMACHER
Université de Fribourg (Suisse)

90 Josef Pieper, *Tod und Unsterblichkeit* (1968), dans *Werke in acht Bänden*, Berthold Wald (éd.), Felix Meiner, Hamburg, 1997, vol. 5, p. 371 : « Daß man nämlich nur das besitzt, was man losläßt, und daß einem verloren geht, was man zu behalten sucht – genau dies zu realisieren ist dem Menschen nun, im Augenblick des Todes, zum ersten und einzigen Mal abverlangt, aber auch ermöglicht und zugetraut : das eigene Leben nicht nur "der Intuition nach", nicht nur "in der guten Meinung" und nicht nur symbolisch und rhetorisch, sondern buchstäblich und wirklich zu verlieren – um es zu gewinnen. »

LE SOIN, LA CARESSE, LA PROFANATION

J. Taminiaux a montré naguère comment le jeune Levinas fut l'un des premiers et rares fins lecteurs de Heidegger, capables de reconnaître d'emblée le véritable projet de *Sein und Zeit.* Ainsi, dans le texte de 1932, « Martin Heidegger et l'ontologie », Levinas indique-t-il avec netteté une chose qui nous semble claire aujourd'hui : « La manière dont l'homme se trouve amené au centre de la recherche [de *Sein und Zeit*] est entièrement commandée par la préoccupation fondamentale qui consiste à répondre à la question 'qu'est-ce qu'être'[1]. » Les analyses levinassiennes ultérieures transformeront ce constat d'une nouvelle ontologie en une « contestation du primat de cette ontologie » – la formule est de 1952. Reste que l'histoire critique de la réception heideggerienne et des interprétations du maître ouvrage de 1927 nous enseigne comment la première génération des lecteurs a cru découvrir une version nouvelle et particulièrement originale d'une anthropologie existentialiste qui donnait à penser et à repenser – en particulier dans le champ médical et psychiatrique. Cela tenait en partie à l'ignorance des prises de position énergiques (encore inédites à l'époque) de Heidegger (par exemple, à Fribourg en 1923 dans le cours « Herméneutique de la facticité ») contre les anthropologies philosophiques classiques, qui ne problématisaient justement pas l'être propre à l'étant humain – Jaspers et Scheler étaient les cibles principales de cette mise en cause. Quoi qu'il en fût de leur « contre-sens » interprétatif, ces premières compréhensions du texte heideggerien ouvrirent la voie entre autres à l'aventure de la *Daseinsanalyse* et des travaux cliniques de L. Binswanger. Ce dernier, on le sait, crut trouver chez Heidegger le point de vue et les catégories philosophiques assez solides et phénoménologiquement justifiés pour répliquer au

1 Emmanuel Levinas, *En découvrant l'existence avec Husserl et Heidegger*, Paris, Vrin, 1967, p. 55.

naturalisme freudien. On a pu parler d'une espèce de « malentendu anthropologique » à ce propos – sans nier cependant la fécondité et l'originalité des descriptions cliniques produites à partir de cette source. Que Heidegger s'en soit expliqué par la suite et qu'il ait explicitement mis en question ces interprétations « (para-)existentialistes » de sa pensée ne nous concerne pas ici, car c'est une autre situation herméneutique, que je crois analogue, que je voudrais maintenant prendre en considération.

Je me demande en effet, si le jeu interprétatif risqué, pas véritablement autorisé, et cette audacieuse « réappropriation » (un terme cher à J. Taminiaux) d'un contenu philosophique ne se sont pas produits de façon analogue à partir des grands textes de Levinas. En l'occurrence, cet « accident interprétatif » aurait nourri un tout aussi fécond « malentendu éthique », cultivé avec bonheur par de nombreux soignants – mais également par des pédagogues, des sociologues, sinon des politiques (sans doute bien moins par des économistes…). Certes, l'enjeu de cette question n'est autre que celui de la longue histoire herméneutique de la philosophie, des constitutions de corpus et des traditions interprétatives orthodoxes ou pas, et de mon point de vue, il ne saurait s'agir d'installer un nouveau tribunal (cette fois historique) de la raison, qui aurait à juger du bien-fondé ou du caractère aberrant des lectures produites par les disciples impressionnés par leur maître. L'espèce de tolérance herméneutique que je tâche de pratiquer ne gomme pas pour autant les réappropriations, les inflexions, les extensions conceptuelles dont l'élasticité donne parfois à rêver, mais elle s'attache davantage à saisir les justifications quand elles sont consciemment exposées, les motivations plus obscures et surtout les intérêts herméneutiques sous-jacents. Après tout, je n'oublie pas la leçon de Levinas à Royaumont, où à l'occasion d'un exposé magistral consacré à la « technique phénoménologique », dont chacun se souvient, le philosophe (pas encore auteur de ses ouvrages d'éthique fondamentale) soulignait qu'il existe moins une *école* phénoménologique (quoi qu'en dise plus tard Ricœur) – mais plutôt un *style* phénoménologique. Puis-je redire les mots de Levinas ? « *La phénoménologie unit des philosophes*, sans que cela soit à la façon dont le kantisme unissait les kantiens ou le spinozisme, les spinozistes. Les phénoménologues ne se rattachent pas à des thèses formellement énoncées par Husserl, ne se consacrent pas exclusivement à l'exégèse ou à l'histoire de ses écrits. Une manière de faire les rapproche. Ils s'accordent pour aborder d'une certaine façon les questions, plutôt que pour adhérer à un certain nombre de propositions fixes[2] ».

Comment – à quel prix – dès lors, convoquer les travaux levinassiens au cœur d'une analyse philosophique du soin, des soins et aussi des organisations soignantes ? L'éthique fondamentale a en commun avec l'ontologie fondamentale une pareille distance d'échelle conceptuelle avec les situations empiriques, les processus de connaissance et de descriptions des états de choses, la régulation des actions concrètes. D'une part, cette distance impose des médiations herméneutiques (qui rendent possible la *subtilitas applicandi*, comme le rappelait Gadamer), et d'autre part, elle donne à penser qu'on ne saurait dériver immédiatement d'une ontologie et d'une éthique fondamentales des propositions descriptives et normatives, applicables au quotidien. C'est sans doute le cas d'autres grands textes – tels le *Parménide* ou la *Critique de la raison pratique* dont Levinas se disait tellement proche. C'est uniquement moyennant le jeu effectif de ces médiations herméneutiques que de hautes sources philosophiques, proprement métaphysiques, se révèlent comme des trésors de ressources et de concepts, éventuellement déconnectés de leur système, susceptibles d'inspirer les praticiens et les observateurs des pratiques.

Pour utiliser une célèbre expression formulée par Ricœur à l'égard de Levinas, on doit se demander ce qu'on parviendra à faire d'une éthique « hyperbolique » dans le champ tellement délicat et, on l'espère, tellement nuancé, des matières biomédicales et du soin. Cette réserve ne conduit pas pour autant forcément à penser que l'on est donc voué à dénaturer, simplifier, déformer, ou à réformer l'éthique fondamentale de manière à l'urbaniser en un « jargon de l'altérité », qui rappelle celui de l'authenticité … Autrement dit, à la rendre utilisable, nouvel ustensile dans un monde où l'éthique rejoint dangereusement la clôture étroite des sciences de la gestion, réduite en quelques algorithmes, en quelques principes, en éléments d'un simple calcul décisionnel.

Plus raisonnablement, on soutiendra que certaines notions levinassiennes, prudemment extraites de leur contexte et donc déjà « réduites », se révèlent à même d'inspirer les pratiques de soin. Ces notions sont en réalité toujours des « associations de notions » ou des syntagmes conceptuels, ou encore des thèmes et des motifs, comme les textes de Levinas en ont tellement cristallisé et ciselé.

2 *Ibid.*, p. 111.

Un premier élément majeur, largement reconnu par les lecteurs, est sans aucun doute le thème du respect dû à l'altérité fragile. De manière insistante, autrui, et/ou son visage, sont à la fois en haut, avec la force du dérangement et du démantèlement de l'ordre des choses et de l'identité du sujet, mais paradoxalement, selon une stylistique cependant classique, en régime du plus faible et du nu. Ce thème se découvre extrêmement pertinent quand on souhaite réfléchir de façon critique à ce qu'on peut nommer une culture des « droits du patient[3] ». Ces droits, essentiels à incarner ou à réaliser dans les pratiques, sont autant de fictions régulatrices, et ils rejoignent ainsi le statut de la dignité humaine, à la fois idéale (et régulatrice) et empirique (et toujours inaccomplie et menacée). En particulier, le droit à l'autonomie mérite une analyse sans concessions : il semble nier la réalité profondément asymétrique de la demande de soins, et installer un sujet des soins maître de son destin et des processus soignants. Pareille autonomie, fallacieuse et irréelle, gomme la fragilité inhérente aux situations où s'exercent encore aujourd'hui ce que Foucault nommait justement les « biopouvoirs ». C'est dire que l'altérité fragile d'autrui doit être entendue de manière non formelle mais concrète. Contre une idolâtrie des figures ou des rôles juridiques d'une pleine autonomie, l'éthique des soins en revient toujours à la concrétude de la faiblesse et de la nudité, sans retomber pour autant dans des schémas paternalistes dépassés.

Associées à cette figure de la fragilité, on retiendra en deuxième lieu les évocations phénoménologiques développées notamment dans *Totalité et Infini*, qui cherchent à décrire les situations de constitution, de protection d'autrui, voire même d'incarnation. Ainsi, parmi tant d'exemples, cette formule : « le corps comme corps nu n'est pas la première possession, il est encore en dehors de l'avoir et du non-avoir. Nous disposons de notre corps selon que nous avons déjà suspendu l'être de l'élément qui nous baigne, en *habitant.* Le corps est ma possession selon que mon être se tient dans une maison à la limite de l'intériorité et de l'extériorité. L'extraterritorialité d'une maison conditionne la possession même de mon corps[4]. » Une exégèse minutieuse devra résumer

3 On connaît les réflexions de Levinas sur cette culture des droits de l'homme : « Bonté pour le premier venu, droit de l'homme. Droit de l'autre homme avant tout » (E. Levinas, *Entre nous*, Paris, Le Livre de Poche, 1993, p. 218).

4 Emmanuel Levinas, *Totalité et Infini*, The Hague, Kluwer, 1961, p. 135-136.

l'histoire de la constitution du soi, depuis le bain dans l'élémental du monde (intra-utérin ?) jusqu'à la demeure habitée, mais ce qui saute aux yeux, c'est la richesse et la surdétermination sémantique et technique de ces formules en images, de ces « métaphores fondamentales », au sens de Blumenberg, qui renvoient obscurément autant à une description psychodynamique d'espaces et d'objets transitionnels qu'à certaines leçons talmudiques sur les villes-refuges, par exemple. Sacrifier cette surdétermination pour ne retenir que des concepts opératoires pour la bonne pratique soignante est à la fois scandaleux, déplacé et ridicule ... mais c'est aussi la générosité du texte philosophique que d'autoriser certaines défigurations conceptuelles – fécondes, jusqu'à un certain point et selon de hautes raisons.

Un troisième élément extrêmement intéressant dans le champ du soin, est précisément ce que je nommerai une figure « à la Canguilhem », une figure neuve de la santé, entendue comme jouissance d'être au monde : joie de respirer, de voir et de sentir. On pourra noter que Levinas écarte systématiquement et de façon répétée le scénario heideggerien (et donc une certaine entente qu'en fit Binswanger dans sa propre interprétation du projet thérapeutique) : il n'est jamais question dans ces travaux d'être-jeté au monde, dans une déréliction misérable : « l'être séparé [le proto-sujet éthique, si l'on peut dire] est séparé ou content dans sa joie de respirer, de voir et de sentir[5] ».

Quatrième élément : l'accompagnement (éventuellement palliatif) de la fin de vie d'autrui paraît constituer un des lieux où les analyses levinassiennes sont particulièrement pertinentes et fécondes pour inspirer les pratiques cliniques. Il suffit de relire le cours sur *La mort et le temps*, et on découvre une richesse foisonnante d'analyses et de considérations qu'on ne saurait réduire à des conseils triviaux. L'inspiration des pratiques est en effet affaire de distance, de non-applicabilité immédiate et servile. L'éthique fondamentale n'est pas un outil pour la pratique, et pas davantage un recueil de bonnes recettes. Ainsi, cette déclaration : « La relation avec la mort d'autrui n'est pas un *savoir* sur la mort d'autrui ni l'expérience de cette mort dans sa façon même d'anéantir l'être [...]. Le pur savoir ne retient de la mort d'autrui que les apparences extérieures d'un *processus* (d'immobilisation) où finit quelqu'un qui jusqu'alors s'exprimait. La relation avec la mort d'autrui, c'est une émotion, un

5 *Ibid.*, p. 138.

mouvement, une inquiétude dans l'*inconnu*[6]. » En ce lieu où la pratique soignante semble pourtant spécialement modeste et retenue, il importe vivement de rappeler la démesure des expériences et l'ouverture abyssale de celles-ci, qui emportent respectivement le patient et le soignant. On mettra ceci en lien avec le thème des « structures ultimes du sensé », nullement irrationalistes car il y a bien du sensé éthique et du sensé du savoir, et ce dernier a naturellement sa place propre, par exemple, dans l'annonce d'un diagnostic grave, mais qui ne sature pas l'espace du sens, comme Levinas le rappelait par exemple à F. Armengaud[7].

Cinquièmement, d'une certaine manière, c'est Levinas lui-même qui interdit aux soignants une pseudo-saisie aisée du travail collectif ou de la relation clinique. À l'opposé de Binswanger qu'il ajourne lui aussi de façon répétitive (et qu'il associe au processus intropathique – ce qui mériterait un développement analytique critique), Levinas veut en effet penser à nouveaux frais la socialité originaire, cette « relation sociale », naïve, quotidienne ou même professionnelle, qui se trouve être « l'expérience par excellence[8] ». Cette expérience par excellence est tout autre chose précisément qu'une simple socialité, que le bonheur d'une réciprocité réconfortante, équilibrée, parfaitement partagée. Contre la nostrité binswangerienne (issue sans doute d'une forme corrigée et aimable du *Mitsein* heideggerien), Levinas renvoie sévèrement cette co-existence, « cette intersubjectivité neutre », ce « *nous* antérieur à Moi et à l'Autre[9] » à l'ordre fixé et total de l'ontologie, et non pas à ce qu'il veut nommer « société ». L'authentique relation soignante ne pourra donc se réclamer, comme chez Binswanger, d'un partenariat en Humanité, d'une espèce de familiarité induisant un tutoiement qui trahit l'étrangèreté et la transcendance d'autrui. Ainsi par exemple, ce conseil si souvent donné aux soignants d'user du vouvoiement dans les rapports avec les patients ou les résidents peut-il évidemment se réclamer de l'éthique fondamentale de Levinas, mais à condition d'expliciter les médiations, sous peine de tomber dans le ridicule (mais, je l'ajoute, pas dans une simple erreur d'interprétation !). Il doit exister une fraternité qui ne saurait se dire, car la proximité réalise, sans la dire, la fraternité des sujets. Raconter celle-ci tient de la trahison typique du discours

6 Emmanuel Levinas, *Dieu, la mort, le temps*, Paris, Grasset, 1993, p. 25-26.
7 Emmanuel Levinas, *À l'heure des nations*, Paris, Minuit, 1988, p. 206.
8 Emmanuel Levinas, *Totalité et Infini*, *op. cit.*, p. 81.
9 *Ibid.*, p. 39.

philosophique, car c'est précisément à condition de n'être pas dite que la fraternité se maintient : « Devenant consciente, c'est-à-dire thématisée, l'approche indifférente détruit cette parenté, telle une caresse se surprenant palpation ou se ressaisissant[10] ».

Ces derniers mots m'amènent à évoquer deux notions nommées dans le titre de mon intervention : la caresse et la profanation, que l'on doit considérer comme déterminantes pour une éthique levinassienne ramenée aux pratiques soignantes[11]. Ces deux catégories sont passablement ambiguës à l'oreille juridique contemporaine, car elles semblent mêler des registres (intime et religieux) rigoureusement tenus à distance par nos politiques sécularisées du soin.

Je me suis senti autorisé autrefois à évoquer une éthique de la caresse, sans penser alors à une philosophie du soin. Je me fondais sur la prévalence du toucher dans cette éthique qui utilise toutes les métaphores de la proximité et qui vise ce moment-limite dans la relation où le sujet est atteint par l'autre en un mouvement de complète franchise – non savoir mais tact primordial, dans le cadre réel d'un univers complexe et différencié. Cette proximité est « d'avant le langage » des informations[12] qu'elle rend possible, avant donc que le langage fonctionne « au service de la vie comme échange d'informations à travers un système linguistique[13] ». Le point fondamental, c'est le signe de reconnaissance donné à autrui – ce que Levinas appelle une « complicité » pour rien. L'attention à autrui n'est pas un événement intérieur purement personnel, un « état d'âme[14] » qui ne trouverait aucune grâce dans l'analyse levinassienne. En effet, l'un est *atteint* par l'autre : il y a contact[15], au sens où l'on peut être touché par ce qui échappe toujours. Retenons quelques notions-clés de cette éventuelle éthique de la caresse qui est affaire d'exposition, de contact, d'affection.

10 Emmanuel Levinas, *Autrement qu'être ou au-delà de l'essence*, The Hague, Kluwer, 1974, p. 104.

11 Je reprends ici quelques-uns des éléments analysés plus en détails dans M. Dupuis, « L'abord du prochain », Gh. Florival (dir.), *Études d'anthropologie philosophique*, Louvain, Peeters, 1993 et « Une éthique séculière », M. Dupuis (dir.), *Levinas en contrastes*, Bruxelles, De Boeck, 1994.

12 Emmanuel Levinas, *Autrement qu'être …*, *op. cit.*, p. 19.

13 *Ibid.*, p. 192.

14 *Ibid.*, p. 108.

15 *Ibid.*, p. 109.

Premièrement, le sensible. Contre l'intellectualisme primaire (tout est savoir) ou élaboré (il y a un fond de savoir en tout), il faut retourner au sensible, à l'immédiatement senti : « Dans la sensation, quelque chose *se passe* entre le sentant et le senti, bien au-dessous de l'ouverture du sentant sur le senti, de la conscience sur le phénomène[16] ». Deuxièmement, le toucher. « [L]e sensible doit s'interpréter à un titre primordial comme toucher » (*ibid.*), qui peut, on l'a vu, se convertir en informations tactiles, car le sensible peut toujours devenir un alphabet Braille. Mais comme le discours est en même temps, premièrement, secrètement, contact, le toucher est en même temps, premièrement, secrètement, caresse. Cela ne surprend pas chez Levinas, mais il est pourtant phénoménologiquement problématique, ce toucher à « sens unique[17] ». Troisièmement, la gratuité. Le contact se fait pour rien, non par ignorance mais avant le savoir : « avant de se muer en connaissance sur le dehors des choses – et pendant cette connaissance même – le toucher est pure approche et proximité, irréductible à l'expérience de la proximité. Une caresse s'esquisse dans le contact sans que cette signification vire en expérience de la caresse. » Et encore : « Approcher, voisiner, ne revient pas au savoir ou à la conscience qu'on peut en avoir[18] ».

Quatrièmement, un caractère interminable. Le contact est sans fin, c'est-à-dire qu'il ignore la satisfaction, l'assouvissement et l'assoupissement : « Approcher Autrui, c'est encore poursuivre ce qui déjà est présent, chercher encore ce que l'on a trouvé, ne pas pouvoir être quitte envers le prochain. Comme caresser. La caresse est l'unité de l'approche et de la proximité. Toujours en elle la proximité est aussi absence. Qu'est-ce que la tendresse de la peau caressée, sinon le décalage entre la présentation et la présence[19] ? ». « Le sensible n'est superficiel que dans son rôle de connaissance. Dans la relation éthique au réel, c'est-à-dire dans la relation de proximité qu'établit le sensible, s'engage l'essentiel. Là est la vie[20] ».

16 Emmanuel Levinas, *De l'existence à l'existant*, Paris, Vrin, 1947, p. 227.

17 Contre Merleau-Ponty et aussi Minkowski, par exemple, lequel notait que « le toucher comporte un élément de *réciprocité*, et c'est ce qui [...] le distingue de toute autre qualité fondamentale. Tout ce qui touche est touché ou du moins peut l'être » (E. Minkowski, *Vers une cosmologie*, Paris, Aubier, 1936, p. 183).

18 Emmanuel Levinas, *De l'existence à l'existant*, *op. cit.*, p. 227.

19 *Ibid.*, p. 228.

20 *Ibid.*

J'en viens à la profanation que j'entends en lien avec la mauvaise foi sartrienne, et spécifiquement avec la scène de la femme frigide dans *L'Être et le néant*, où la mauvaise foi trahit l'existence et réifie le corps. Bien entendu, contextualisée dans le scénario d'une « ultramatérialité exorbitante » décrite par une phénoménologie de l'éros, à la fin de *Totalité et Infini*, la profanation et l'impudeur caractérisent l'ambiguïté de l'amour qui peut être simple « retour à soi[21] » plutôt qu'aventure de la transcendance et cela, aux yeux de Levinas, indique l'originalité de l'érotique. Cela indique sans doute aussi l'originalité de la relation soignante, soumise à la même possible dérive de forcer « l'interdit d'un secret[22] ». Combien d'histoires de soignants évoquent ces mauvaises manières de ne pas couvrir la nudité inutile des corps, de ne pas tenir le secret d'un geste de soin intime. On trouve ici l'une des très rares mentions du regard médical sur le corps : Levinas fait allusion à « une perception neutre », « celle du médecin qui examine la nudité du malade » (*ibid.*). Mais plus subtilement que selon la signification courante du terme, le sens de la profanation, « révélation du caché, en tant que caché[23] », renvoie à un autre thème levinassien important, celui de l'énigmatique et du phénoménal, c'est-à-dire que la profanation est la découverte de l'immense valeur du visage à travers la non-signifiance du lascif ou du vulgaire. On est ici au bord du paradoxe : « la chaste nudité du visage ne s'évanouit pas dans l'exhibitionnisme de l'érotique » (*ibid.*) pas davantage que dans la tristesse ou l'horreur du corps malade, blessé ou mutilé. Au sens strict, chez Levinas, c'est bien l'Eros qui profane le mystère d'autrui et risque de troubler la signifiance éthique. Une médiation interprétative nous permet de penser, toujours avec Levinas, que le regard biomédical, technico-scientifique, dans la relation de soin parfois hautement technicisé, profane, lui aussi, le mystère d'autrui qu'il cherche en même temps à sauver. On ne se trouve pas si loin du principe hippocratique de la non-malfaisance, qui tend à répondre à cette fatalité de l'action soignante toujours déjà violente alors même qu'elle cherche à aider.

Au moment de conclure, je dois reconnaître ce que le lecteur a bien noté : j'ai omis d'évoquer jusqu'ici une notion déterminante pour notre

21 *Ibid.*, p. 232.
22 *Ibid.*, p. 234.
23 *Ibid.*, p. 238.

propos : la substitution, que Levinas va travailler de manière approfondie au début des années soixante-dix et qui constitue le cœur d'*Autrement qu'être*. On le sait, le scénario éthique se radicalise : « la responsabilité pour autrui qui n'est pas l'accident arrivant à un sujet, mais précède en lui l'Essence, n'a pas attendu la liberté où aurait été pris l'engagement pour autrui [ ] Le mot *Je* signifie *me voici*, répondant de tout et de tous[24] ». Pourquoi Levinas a-t-il préféré ce terme de responsabilité à celui de soin ? « Répondre à et de » est sans doute mieux intégré à un modèle de la communication éthique, mais il est également beaucoup plus « formel », précisément au sens de ces morales formelles mises à l'écart au début de *Totalité et Infini*. Peut-être l'idée du soin qui nous saute aux yeux aujourd'hui, au cœur du « moment du soin », aurait-elle été anachronique en cette fin du XXe siècle. Il s'agit en effet de penser l'incondition du sujet, inégal à soi-même, responsable « sans aucun engagement libre[25] ». On se trouve fort éloignés d'une forme de contrat thérapeutique, où chacun s'engage, réflexion faite. On se trouve bien plutôt dans l'avant-scène de cette organisation mutuelle, et, chose remarquable, l'on y retrouve, à un niveau qu'on peut nommer transcendantal, cette « fraternité » que Binswanger avait lui aussi en vue, antérieure à toute liberté et fondatrice de la relation. Le soignant est dès lors l'exposé par excellence, appelé par sa profession à la rencontre concrète avec le patient, exposé par la contingence et remis entre ses mains. Trois lignes brèves du *Carnet de captivité n° 7* sont plus nettes que bien des formules extraites des ouvrages publiés ; elles serviront de conclusion : « La souffrance – son acuité est dans son irrémissibilité dans l'instant. Mais la caresse – y répare quelque chose. Non pas qu'elle fasse passer la douleur. Mais il y a tout de même une modification dans la douleur. Par là le *Miteinander-sein* entre dans mon ontologie[26] ».

Michel DUPUIS
Université catholique de Louvain[27]

24 Emmanuel Levinas, *Autrement qu'être …*, *op. cit.*, p. 145.
25 *Ibid.*, p. 148.
26 Emmanuel Levinas, *Œuvres 1*, Paris, Grasset, 2009, p. 181-182.
27 Michel Dupuis est aussi responsable scientifique du GEFERS (Paris).

LE SOIN OU L'IRRÉDUCTIBLE INQUIÉTUDE D'UNE RESPONSABILITÉ INFINIE

Lors de son allocution prononcée à la mort d'Emmanuel Levinas le 27 décembre 1995, au cimetière de Pantin, Jacques Derrida déclarait : « le retentissement de cette pensée aura changé le cours de la réflexion philosophique de notre temps, et de la réflexion sur la philosophie, sur ce qui l'ordonne à l'éthique, à une autre pensée de l'éthique, de la responsabilité, de la justice, de l'État, etc., à une autre pensée de l'autre, à une pensée plus neuve que tant de nouveautés parce qu'elle s'ordonne à l'antériorité absolue du visage d'autrui[1] ». Ce retentissement qu'avait pressenti Derrida est une réalité dans le monde du soin et de la médecine. Ainsi, il n'est pas anodin que l'année même de la mort de Levinas le directeur général de l'Assistance Publique – Hôpitaux de Paris (AP-HP) d'alors, Alain Cordier, demanda à Emmanuel Hirsch de mettre en place un lieu de réflexion qui portera le nom d'« *Espace Éthique* ». Ce directeur atypique et ce philosophe, producteur alors à France Culture, étaient tous deux très fortement imprégnés de la philosophie d'Emmanuel Levinas. À titre d'exemple, il était fréquent que, dans des réunions institutionnelles de l'AP-HP de l'époque, Alain Cordier évoque le « visage d'autrui » et cite, à la grande surprise de son auditoire, l'auteur d'*Éthique et infini.* Il n'avait ainsi de cesse de rappeler que « l'hôpital est avant tout un lieu d'humanité, parce que l'homme couché y oblige l'homme debout[2] ».

C'est d'ailleurs à l'espace éthique que, cadre infirmier impliqué alors dans la prise en charge des patients atteints de SIDA, j'ai rencontré la

1 Jacques Derrida, *Adieu à Emmanuel Levinas*, Paris, Galilée, 1997, p. 14.

2 Alain Cordier, « La vocation médicale de l'homme : in-quiétude éthique et professions de santé. En lisant Emmanuel Levinas », dans Emmanuel Hirsch (éd.), *Traité de bioéthique. Volume II : Soigner la personne, évolutions, innovations thérapeutiques*, Toulouse, Erès, 2010, p. 13-35.

pensée d'Emmanuel Levinas. Je dois avouer qu'elle m'est apparue, dans un premier temps, bien obscure. Pourtant, peu-à-peu, à force d'efforts, et avec l'aide de mes professeurs, je me suis rendu compte combien la lecture des textes de Levinas pouvait éclairer la pratique soignante. Je trouvais, avec lui, mais aussi avec Paul Ricœur, enfin des philosophes qui s'intéressaient à ce qui constitue la raison d'être du soin : la vulnérabilité humaine. Michel Terestchenko l'explique parfaitement : « Étrangement, la tradition philosophique ignore, très largement, cette notion [la vulnérabilité] qui est tout simplement absente, hormis chez Levinas et Ricœur. Comment pouvait-il en être autrement s'il s'agit pour tant de philosophes – de Platon à Kant, en passant par les Stoïciens ou Descartes – de nous mettre à l'abri, de nous apprendre la voie de l'auto-suffisance, de la non dépendance, de la prééminence de la raison sur les émotions et les sentiments, autrement dit de nous apprendre à être le *moins vulnérable* possible[3] ? » En prenant au sérieux cette question de la vulnérabilité, la pensée de Levinas irrigue aujourd'hui, consciemment ou (le plus souvent) inconsciemment, la pratique soignante. Ce n'est donc pas un hasard si cette présence est particulièrement prégnante dans le mouvement des soins palliatifs.

UNE INQUIÉTUDE IRRÉDUCTIBLE

Même si Levinas, lors d'entretiens, aimait à rappeler « la vocation médicale de l'homme[4] », on ne retrouve pas dans son œuvre de discours concernant spécifiquement le monde de la médecine ou du soin. Ce n'est donc qu'indirectement que le soignant se trouve interpellé par cette pensée qui place l'inquiétude à l'origine de l'éthique. Il faut rappeler que, dans son expression la plus courante, le soin se définit comme « la manière appliquée, exacte et scrupuleuse de faire quelque chose », ou encore : « l'effort, le mal qu'on se donne pour obtenir ou éviter quelque

3 http://michel-terestchenko.blogspot.ch/2009/12/ : mercredi 9 décembre 2009, sous le titre « Fragilité, vulnérabilité ».

4 Voir Alain Cordier, « La vocation médicale de l'homme : in-quiétude éthique et professions de santé. En lisant Emmanuel Levinas », *op. cit.*

chose[5] ». Bernard Honoré remarque en ce sens : « Les deux notions de préoccupation et de soin se rejoignent dans celle d'une préparation à s'occuper de quelque chose ou de quelqu'un, à se disposer à leur égard de façon telle que ce qui va résulter de notre attitude ou de notre action réponde à l'intérêt que nous leur portons[6] ». Il y a ici la volonté de faire attention, d'être précautionneux, attentif. Comment expliquer alors cette application scrupuleuse, ce souci attentif ? La réponse semble évidente : le soin se rapporte à ce qui a de l'importance pour nous, ce à quoi nous tenons vraiment[7]. Or, dans le soin, ce qui est si important, ce qui est à préserver, c'est justement ce qui est fragile, précaire, vulnérable : la vie d'autrui. Parce qu'elle est à la fois force et puissance, mais aussi fragilité et vulnérabilité, toute vie est en effet source de joie et, dans le même temps, d'inquiétude. En danger dès son commencement, il s'agit donc d'en « prendre soin ». En ce sens, la relation de soin constituerait moins – selon la célèbre formule du Professeur Louis Portes – « une confiance qui rejoint librement une conscience[8] » qu'« une vulnérabilité qui rejoint nécessairement une inquiétude[9] ». Dans une lecture levinassienne, l'inquiétude et la vulnérabilité du soigné et du soignant ne sont évidemment aucunement superposables, et encore moins comparables. Il s'agit en revanche de considérer le soin comme une *Rencontre* au cours de laquelle les protagonistes sont successivement, et parfois simultanément, inquiets *et* vulnérables. On pourrait même ajouter : inquiet parce que vulnérable et vulnérable parce qu'inquiet. C'est ainsi que Levinas appelle éthique « une relation entre des termes où l'un et l'autre ne sont unis ni par une synthèse de l'entendement, ni par la relation de sujet à objet, et où cependant l'un pèse ou importe ou est signifiant à l'autre, où ils sont liés par une intrigue que le savoir ne saurait ni épuiser ni démêler[10] ».

5 Définition retenue : *Le Grand Robert*, Paris, 2001, p. 1826.

6 Bernard Honoré, *Pour une philosophie de la formation et du soin*, Paris, L'Harmattan, 2003, p. 114.

7 D'où le titre du livre du philosophe Frédéric Worms, *Le Moment du soin, À quoi tenons-nous ?*, Paris, Presses Universitaires de France, 2010.

8 Louis Portes, « Du consentement à l'acte médical » (Communication à l'Académie des Sciences Morales et Politiques, 30 janvier 1950), dans Id., *À la recherche d'une éthique médicale*, Paris, Masson et Presses Universitaires de France, 1955, p. 173-170, p. 170.

9 Philippe Svandra, *Nature et Forme du Soin. Regard sur une pratique sous tension*, Paris, De Boeck – Estem, 2015, p. 12.

10 Emmanuel Levinas, *En découvrant l'existence avec Husserl et Heidegger* (1967), Paris, Vrin, 2001, p. 225, note 1.

Cette définition de l'éthique ne peut-elle au fond s'appliquer également au soin ? Dans ces conditions, je ne suis pas responsable *de* l'autre mais *pour* l'autre. Nous basculons ainsi d'une « responsabilité *devant* » qui se confronte à une instance supérieure (Dieu, la Loi, l'autorité) à « une responsabilité *pour* » qui se réfère à la vulnérabilité de celui qui me fait face. Lorsqu'on est soignant, cette attitude d'inquiétude, qui est au fondement de l'éthique levinassienne, nous est, pour ainsi dire, habituelle et familière. Elle est à l'origine de notre *éthos* professionnel.

L'ÉNIGME DU VISAGE D'AUTRUI

Malgré un abord particulièrement difficile, Emmanuel Levinas est donc un philosophe qui « parle » assez naturellement aux soignants. Toutefois, il me semble que nous avons aujourd'hui trop souvent tendance à édulcorer sa pensée. En l'apparentant à un simple altruisme bienveillant, on manque l'aspect radical, voire même subversif de l'approche qu'il nous propose. Comme le souligne Alain Cordier : « Il faut en saisir toute l'exigence, l'exigence d'un jamais quitte et de l'absence de toute échappatoire[11] ». Pour Levinas, ce n'est en effet ni l'amour, ni la raison, ni le devoir qui me commande de faire une place au soleil à autrui, de prendre soin de lui, mais seulement son visage qui s'impose à moi comme un appel, un événement, une convocation à l'action. Levinas écrit ainsi : « la responsabilité pour les autres ne saurait jamais signifier volonté altruiste, instinct de "bienveillance naturelle" ou amour[12] ». L'auteur de *Totalité et infini* savait d'ailleurs que, face à l'ordre que m'adresse le visage d'autrui, la haine est une hypothèse toujours possible. Venant perturber ma tranquillité, le visage du prochain m'obsède par sa misère. En interrompant mon insouciance, mon bonheur et ma liberté, cette inquiétude pour autrui signe la perte d'une forme d'innocence. Ce visage qui m'appelle *et* m'oblige s'oppose donc à ce désir de persévérer dans

11 Alain Cordier, « La vocation médicale de l'homme : in-quiétude éthique et professions de santé. En lisant Emmanuel Levinas », *op. cit.*, p. 15.

12 Emmanuel Levinas, *Autrement qu'être ou au-delà de l'essence* (1974), Paris, Le livre de poche, 1978, p. 177.

son être, à ce *conatus* qui est au cœur de la philosophie de Spinoza. Ce commandement en devient terriblement violent. Je peux légitimement chercher à m'en protéger, le fuir, voire le faire taire. Levinas l'exprime clairement : « Le visage est exposé, menacé, comme nous invitant à un acte de violence[13] ». Cette radicalité se retrouve également dans le style d'écriture de Levinas. Si l'on veut aborder son œuvre, il faut ne jamais oublier que le philosophe, en recourant à cette méthode emphatique qui utilise tant l'hyperbole que la métaphore, cherche volontairement à pousser le langage à ses limites. La lecture de Levinas en devient souvent difficile, voire parfois obscure.

Des incompréhensions peuvent ainsi naître. Le recours au visage en est sûrement l'exemple le plus évident. Chez Levinas, il est bien autre chose que la face ou la figure humaine puisqu'il est précisément ce que l'on ne peut pas voir. La vision qui tend à *subsumer*, à ramener l'autre au *même*, ne peut permettre véritablement la rencontre. C'est ainsi que la meilleure façon de rencontrer autrui, c'est justement de ne même pas remarquer la couleur de ses yeux. S'il ne s'agit pas de voir le visage, il s'agit en revanche de subir son impact. En ce sens, ce serait autant une erreur de penser le visage de manière phénoménologique (ce que je perçois) que de façon platonicienne (comme une Idée). S'il fallait vraiment caractériser le « *visage levinassien* », on pourrait dire qu'il est l'inscription de l'infini dans la chair.

Plus spécifiquement, parce que la connaissance cherche fondamentalement à ramener l'autre au même, la réification est une menace constante, et cela est vrai particulièrement en médecine. Levinas nous invite donc à accepter les limites de notre volonté farouche de tout com-prendre, surtout autrui : « L'immédiateté à fleur de peau de la sensibilité – sa vulnérabilité – se trouve comme anesthésiée dans le processus du savoir[14] ». Imprégné de culture juive, Levinas ne peut ignorer, par ailleurs, que le mot de visage en Hébreu se dit *panim*[15].

---

13 Emmanuel Levinas, *Totalité et infini* (1961), Paris, Le livre de Poche, 1982, p. 80.

14 Emmanuel Levinas, *Autrement qu'être*, *op. cit.*, p. 104.

15 La traduction grecque de la bible hébraïque, dite des *Septantes*, traduit l'hébreu *panim*, par *prosopon*. Ce dernier terme signifie bien face ou visage, mais aussi ce qui est en avant, ce qui se montre dans la partie supérieure d'un objet ou d'un être. Toutefois *proposon*, veut également dire masque. Nous sommes donc devant deux sens qui ne sont pas totalement contradictoire, *prosopon* comme face et comme masque de théâtre. D'autant plus que l'origine des masques est en Grèce religieuse ou sacrale. Notons enfin que la

Shmuel Trigano nous rappelle la définition qu'en donne Maïmonide : « la présence d'une personne dans le lieu où elle se tient[16] ». Cette présence se définit à travers la notion de « face-à-face », *panim el panim*, c'est-à-dire d'une présence de l'un à l'autre sans intermédiaire, d'où l'idée que le visage n'exprime pas : il est l'expression. D'autre part, on recense aussi un usage de *panim* comme adverbe de temps « autrefois », voire de lieu « au-devant ». Mais Shmuel Trigano précise que Maïmonide relève un sens supplémentaire à *panim*. L'hébreu biblique emploie en effet ce terme pour désigner l'« égard », l'« attention », et enfin le « *soin* » pour autrui. Ainsi, nous arrivons au lien ancien, immémoriale, mais si symbolique pour nous, qui ré-unit *visage* et *soin*. Shmuel Trigano souligne : « Rien ne récapitule mieux la notion levinassienne de "visage" que ces quelques lignes de Maimonide. Le visage comme autrui me précède toujours dans une antériorité qui n'est pas au passé, m'obligeant envers lui de toute éternité[17] ». À partir de cette étymologie, ne serait-il pas possible d'affirmer que le visage appelle au soin ?

UNE RESPONSABILITÉ INFINIE… QUI PASSA AVANT LA LIBERTÉ

Loin d'être un acte issu du libre arbitre, la responsabilité qui émane du visage d'autrui s'apparente alors à un commandement qui m'oblige. Levinas ne cesse d'ailleurs de répéter qu'on ne décide jamais volontairement – après un examen de conscience ou en examinant le pour et le contre – de répondre à la souffrance d'autrui. Ainsi : « La responsabilité pour autrui ne peut pas avoir commencé dans mon engagement, dans ma décision. La responsabilité où je me trouve vient au-deçà de ma liberté[18] ». Levinas va jusqu'à reprendre à son compte cette célèbre (et

traduction latine de *prosopon* est *persona* dont le sens premier est exclusivement masque. Ce mot donnera ensuite pourtant le mot actuel de « personne ».

16 Cette citation se trouve chez Shmuel Trigano, « Levinas et le projet de la philosophie-juive », *Rue Descartes. Collège international de philosophie*, 1998, nr. 19, p. 141-164, p. 148. Il s'agit de la définition que donne Maïmonide du *panim*, le visage (I, 37).

17 Shmuel Trigano, « Levinas et le projet de la philosophie-juive », *op. cit.*, p. 149.

18 Emmanuel Levinas, *Autrement qu'être*, *op. cit.*, p. 24.

terrible) phrase que Dostoïevski fait dire à Yvan Karamasov : « Chacun de nous est coupable devant tous pour tous et moi plus que les autres[19] ». Inversant le célèbre adage platonicien, Levinas peut affirmer : « nul n'est bon volontairement[20] ». Ainsi, montrant sa nette préférence pour la responsabilité plutôt que pour la liberté, il écrit : « La liberté s'inhibe alors non point comme heurtée par une résistance, mais comme arbitraire, coupable et timide ; mais dans sa culpabilité elle s'élève à la responsabilité[21] ». Ma responsabilité, autant inconditionnelle qu'incessible, s'apparente dès lors à un commandement : « Le mot *Je* signifie *me voici*[22] ». L'épiphanie du visage d'autrui m'oblige, et moi je suis celui qui doit trouver des ressources pour répondre à cet ordre. On comprend dès lors mieux, d'autant plus lorsqu'on est soignant, pourquoi Levinas aimait à citer cette phrase, à la fois simple et énigmatique, qu'il tenait d'un grand rabbin : « les besoins matériels de l'autre sont des besoins spirituels pour moi[23] ». C'est d'ailleurs ainsi que Levinas définit le Moi comme celui qui est totalement responsable d'autrui : « Être Moi, signifie ne pas pouvoir se dérober à la responsabilité, comme si tout l'édifice de la création reposait sur mes épaules. [ ] L'unicité du Moi, c'est le fait que personne ne peut répondre à ma place[24] ». Face à autrui, je suis astreint, requis, je ne peux demander de remplaçant. Devenant responsable *pour* la responsabilité de l'autre, il serait possible de parler, selon l'expression de Jean Luc Marion, d'une responsabilité au carré[25]. Dans cette conception, je n'ai rien à attendre, et encore moins à exiger, d'autrui : « la réciprocité c'est son affaire et non la mienne[26] ». J'ai, pour l'autre, à manifester une sollicitude infinie dont je ne serai jamais quitte. Autrui est confié à ma garde mais il ne saurait avoir de dette à mon égard. C'est donc bien lui, le faible qui reste le maître, il ne peut

19 Fiodor Dostoïevski, cité par Emmanuel Levinas, *Ibid.*, p. 228. Il faut cependant rappeler que c'est dans un moment de folie que Dostoïevski fait tenir ces propos à Ivan Karamasov.

20 Emmanuel Levinas, *Totalité et infini*, *op. cit.*, p. 217.

21 *Ibid.*, p. 223.

22 *Ibid.*, p. 181.

23 Phrase du rabbin lithuanien Israël Salanter souvent reprise par Emmanuel Levinas, notamment lorsqu'il commente les obligations d'Abraham à l'égard d'autrui. Également cité par France Quéré, *L'éthique et la vie*, Paris, Odile Jacob, 1991, p. 305.

24 Emmanuel Levinas, *Humanisme de l'autre homme* (1972), Paris, Le livre de poche, 1996, p. 55.

25 Voir Jean-Luc Marion, « La substitution et la sollicitude. Comment Levinas reprit Heidegger », *Pardès*, 2007 (42), nr. 1, p. 123-141.

26 Emmanuel Levinas, *Totalité et infini*, *op. cit.*, p. 95.

pas y avoir dépossession. En revanche la dette que je dois à autrui est absolue. Le dû est impayable : on en n'est au fond jamais quitte vis-à-vis d'autrui. Levinas peut aller jusqu'à affirmer cet apparent paradoxe : « La dette s'accroît dans la mesure où elle s'acquitte[27] ». Cette dette est contractée avant toute liberté, et même avant toute conscience, avant tout présent car elle relève de la trace originelle. J'ai vis-à-vis d'autrui non seulement une dette, mais une dette impossible à acquitter puisque « le moi a toujours une responsabilité de plus que tous les autres[28] ». Nous ne nous situons pas ici dans une relation de réciprocité, ni donc de solidarité puisque je n'attends rien de l'autre en échange. Levinas pourrait être vu dès lors comme une philosophie de la mauvaise conscience. Parce que Levinas conçoit autrui sur le mode d'une extériorité radicale, puisque l'autre reste absolument autre, vouloir « se mettre à la place de l'autre » est ici impossible. Tenter de le faire ce serait chercher à le com-prendre (prendre-avec), donc à le totaliser. Ma relation au visage d'autrui se situe en effet dans un « au-delà » de tout phénomène, y compris celui de l'empathie.

Ce n'est pourtant que lors de moments paroxystiques que la véritable Rencontre est possible : « Seul un être arrivé à la crispation de sa solitude par la souffrance et à la relation avec la mort se place sur un terrain où la relation avec l'autre devient possible[29] ». En ce sens, si j'éprouve de la sollicitude vis-à-vis de mon semblable lorsqu'il souffre ce n'est pas parce qu'il est mon semblable mais bien parce qu'il souffre et que j'en deviens responsable. Comme le note Lazare Benaroyo, chez Levinas « le corps souffrant est porteur d'une ambiguïté primordiale : alors que l'expérience physique de la souffrance enchaîne le sujet à soi, la vulnérabilité atteste que le sujet est débordé hors de lui, est en situation d'ouverture à autrui[30] ». C'est ainsi, notamment dans *Autrement qu'être*, que Levinas semble vouloir pousser sa pensée jusqu'à voir dans la responsabilité le prix d'une faute, d'une culpabilité première : celle de survivre. Il peut ainsi écrire : « Or, dans l'approche d'autrui, où autrui se trouve d'emblée sous ma responsabilité, « quelque chose » a

27 *Ibid.*, p. 27.

28 *Ibid.*, p. 95.

29 Emmanuel Levinas, *Le temps et l'autre* (1980), Montpellier, Fata Morgana, Presses Universitaires de France, 2011, p. 64.

30 Lazare Benaroyo, « Soins, confiance et disponibilité », *Éthique et Santé*, Mai 2004 (1), n° 2, p. 60-63, p. 62.

débordé mes décisions librement prises, s'est glissé en moi, *à mon insu*, aliénant ainsi mon identité[31] ». Il en tire cette conclusion radicale : « L'unicité de soi, c'est le fait même de porter la faute d'autrui[32] ». Cette position maximaliste peut interroger. Ainsi, Michel Harr – dans un article du *Cahier de l'Herne* dont le titre, *L'obsession de l'autre, l'éthique comme traumatisme*, pose déjà en soi le problème – va jusqu'à douter du sens que peut avoir une relation à ce point dissymétrique. Il s'interroge ainsi : « Comment une véritable relation *éthique* pourrait-elle se fonder sur la pure passivité, sur la pure souffrance, sur l'unilatéralité, la non réciprocité [...] Comment concevoir un don qui serait arraché à la pure passivité [...] Le moi privé de centre autant que de périphérie peut-il encore rencontrer l'autre et que peut-il lui apporter[33] ? ».

En parlant d'une manière hyperbolique « d'hémorragie du pour-l'autre » ou d'un « don douloureusement arraché, dans l'arrachement », on pourrait penser que Levinas verse parfois dans une forme de dolorisme. Un auteur comme Michel Terestchenko[34] critique d'ailleurs cette attitude sacrificielle où il n'est plus question de générosité, mais seulement de souffrance, d'accusation, d'expiation qui nous transforme en otage de l'autre.

Catherine Chalier défend pourtant Levinas, car selon elle, l'auteur de *Totalité et infini* ne fait pas, comme on voudrait le croire, l'apologie du sacrifice pour le sacrifice. Ainsi : « Si le visage commande de faire prévaloir le souci de la vie d'autrui sur la sienne propre, cela n'équivaut pas à un devoir pour soi de s'exclure du bonheur[35] ». D'ailleurs le premier commandement, le « tu ne tueras point » qui est la première parole du visage, s'applique à autrui comme à moi, il semble ainsi exclure le sacrifice.

D'autant plus que dans cette éthique poussée à ses limites, il existe une situation qui va finir par limiter ma responsabilité : l'arrivée du tiers.

---

31 Emmanuel Levinas, *Autrement qu'être*, *op. cit.*, p. 102.

32 *Ibid.*, p. 177.

33 Michel Harr, *L'Obsession de l'autre. L'éthique comme traumatisme*, Paris, Éditions de l'Herne, 1991, p. 530, cité par Shmuel Trigano, « Levinas et le projet de la philosophie juive », *op. cit.*, p. 163.

34 Voir Michel Terestchenko, *Un si fragile vernis d'humanité*, Paris, Éditions La Découverte, 2005.

35 Catherine Chalier, « Le bonheur ajourné », *Rue Descartes. Collège international de philosophie*, 1998, nr. 19, p. 27-38, p. 32.

LA SEULE LIMITE : LE TIERS

On l'oublie parfois mais Emmanuel Levinas s'est attaqué à la question de la justice. Certes, comme nous venons de le voir, il apparente mon rapport à autrui à une forme d'obligation face au visage d'autrui. Ici, la question de la justice n'a pas sa place. Toutefois, l'auteur d'*Éthique et infini* nous rappelle une vérité incontournable : autrui n'est pas seul ! Il y a le tiers, l'autre autrui en quelque sorte. Le tiers, c'est celui qui interrompt le face-à-face en m'imposant d'établir une relation d'équité avec lui. Pour le dire plus simplement, je n'ai pas le droit de donner tout à l'un, et léser le tiers.

En exigeant la comparaison, le tiers pose fondamentalement problème. Avec l'arrivée du « troisième homme » commence bien la justice (c'est ici que nous passons de la responsabilité *pour* à la responsabilité *devant*). Pour Levinas prendre en compte ces interrogations revient à « peser, penser, juger en comparant l'incomparable[36] ». Le troisième homme représente le moment de la justice, car si dans le face-à-face, je suis l'obligé d'autrui (et même son otage), dans une institution, dans un collectif, se posent d'autres questions : « qui passe le premier ? », « qui a plus besoin de moi ? ».

Soulignons que ces questions, pour les soignants, sont loin d'être théoriques. En pratique, ce tiers peut être celui qui attend son tour à la consultation, le blessé grave qui peut arriver à tout moment aux urgences, la personne dont l'état s'aggravant doit être transférer dans un service réanimation où il faut libérer un lit. À chaque fois une sélection doit être faite, qui doit être prioritaire, et sur quels critères ?

Plus largement, avec l'arrivée du tiers nous quittons la sphère de l'éthique pour entrer dans celle politique. De manière imagée, Levinas aimait à dire qu'avec le tiers je cesse d'être Juif pour devenir Grec. Car le monde grec est le monde de la cité politique, un monde fini (il est totalité), alors que le monde juif est lui éthique, il est infini.

Il n'empêche que si la justice affecte nécessairement ma relation au prochain, elle n'exonère en rien, chez Levinas, ma responsabilité première

---

36 Emmanuel Levinas, *Éthique et infini*, Paris, Le livre de Poche, 1982, p. 84 (livre d'entretiens avec Philippe Memo diffusés sur France-Culture en février-mars 1981).

et incessible qui demeure face au visage d'autrui. D'autant plus que rien n'est simple, puisque dans ma relation à autrui le tiers est toujours déjà là. Avant même son arrivée, la trahison est pour ainsi dire déjà présente. Très proche de Levinas sur ce point, Derrida rappelle : « Dans ce face-à-face, le tiers est déjà là : le juridique, l'éthique, le politique, comme dépendants du tiers, viennent, en quelque sorte, m'obliger à trahir – pour la bonne cause, celle de la justice – mon rapport à la singularité exclusive de l'autre, unique, irremplaçable, etc. [ ] Il y a là comme un parjure : je dois trahir l'autre pour être juste avec les "autres"[37] ». Au fond, même si c'est pour de bonnes raisons, puisqu'il s'agit d'être juste, la démarche que partagent Levinas et Derrida viserait à retarder, sinon ajourner l'heure, pourtant nécessaire, de la trahison.

UNE POLITIQUE LEVINASIENNE EST-ELLE POSSIBLE ?

En réintroduisant malgré tout, et quasiment à son corps défendant, de la mesure dans ma responsabilité pour l'autre, Levinas rappelle donc qu'en société tout n'est pas moral. S'il reconnaît que la présence du tiers introduit la question de la justice et donc de l'État, il n'en tire pas, pour autant, les mêmes conclusions que le grand philosophe du contrat social qu'est Thomas Hobbes. Rappelons que l'auteur du *Léviathan*, considère que le but de l'institution étatique est de nous protéger du danger que représente autrui comme source de violence potentielle, voire de possible mort violente. Refusant cette approche hobbesienne, Levinas se propose de fonder l'État (comme organisation du « social ») sur une toute autre base. Toujours fidèle à lui-même, il va défendre une position dans laquelle l'homme est nécessairement responsable de l'autre homme. Dans son livre d'entretien avec Philippe Nemo, *Éthique et infini*, il explique ainsi : « Il est extrêmement important de savoir si la société au sens courant du terme est le résultat d'une limitation du

37 Intervention de Jacques Derrida lors de l'émission radiophonique « Radio Libre » enregistrée le 04/01/2003 à l'occasion des 2e rencontres philosophiques de France Culture présidées par Paul Ricœur les 4 et 5 décembre 2002 à la Maison de L'Amérique Latine.

principe que l'homme est un loup pour l'homme [*comme chez Hobbes*], ou si au contraire elle résulte de la limitation du principe que l'homme est pour l'homme[38] ».

En extrapolant quelque peu la pensée de Levinas, on pourrait penser que les institutions sociales qui sont au cœur du « vivre ensemble » ont pour rôle non pas de nous protéger de la violence des autres mais, au contraire, de nous permettre d'échapper à l'absolu (et incommensurable) responsabilité que nous avons *pour* autrui. D'un rôle de protection vis-à-vis d'autrui (comme chez Hobbes), nous passons à une fonction de substitution. Il serait dès lors possible de voir dans l'existence des politiques sociales un moyen de nous soulager de notre mauvaise conscience, de l'inconfort que provoque en nous l'irruption du tiers dans ma relation avec l'autre. Dit en des termes plus simples, de réaliser une socialisation du devoir de charité.

Dans un article publié dans un numéro de la revue *Rue Descartes* intitulé *L'extravagante hypothèse*, Miguel Abensour[39] explique que l'objectif de Levinas, sur cette question, reste toujours le même : rompre avec une philosophie du savoir, de l'être et du Même. À l'« *odieuse hypothèse* » de Hobbes répond ainsi l'extravagante générosité du pour-l'autre de Levinas. Autrement dit, à « l'homme comme loup pour l'homme » s'oppose « l'homme comme otage de l'autre homme ».

CONCLUSION

Levinas, nous l'avons vu, nous invite à voir ma relation à autrui essentiellement comme responsabilité, mais une responsabilité qui ne relève aucunement de la liberté puisque je suis comme « pris en otage » par la vulnérabilité du visage d'autrui. Nous sommes ici dans le champ de l'indicible, mais aussi de l'incalculable puisque on ne peut évidemment pas mesurer ce que l'on ne sait pas avoir donné : « Toute complaisance détruit la droiture du mouvement éthique[40] ».

38 Emmanuel Levinas, *Éthique et infini*, *op. cit.*, p. 85.

39 Miguel Abensour, « L'extravagante hypothèse », *Rue Descartes. Collège international de philosophie*, 1998, nr. 19, p. 55-84, p. 57.

40 Emmanuel Levinas, *Humanisme de l'autre homme*, *op. cit.*, p. 55.

Reste toutefois à savoir si le soin ne se résume qu'à ce rapport éthique. Car, comme toute action humaine, le soin est aussi susceptible d'autres éclairages. D'autant plus que cette vision de ma relation à autrui est extrêmement exigeante, … trop peut-être. Serions-nous devant une exigence infinie qui fait de cette éthique de la responsabilité portée aux extrêmes une éthique essentiellement utopique ? En ce sens, la responsabilité levinassienne qui n'est pas liée à un acte de volonté du sujet en devient absolue dans le sens littéral du terme (*ab-solutus* signifiant en latin « sans relation », « séparé »). Le problème est bien là, en nous proposant une éthique de l'absolu, une morale hyperbolique, Levinas ne tient pas compte des circonstances, des conditions de réalisations de cette responsabilité. Or le soin ne peut s'extraire totalement de la contingence. Pouvons-nous penser que l'environnement social, culturel et technique dans lequel le soin se déploie aujourd'hui permet au soignant d'être toujours à la hauteur de cette formidable responsabilité ? Par ailleurs, présenter ainsi le soin, ne serait-ce pas le meilleur moyen de rebuter certains soignants ?

Ne faudrait-il pas alors oser défendre une forme de culpabilité raisonnable, et reconnaître, malgré l'immensité et l'importance de l'œuvre de Levinas, les limites, au moins pratique, de cette pensée. Ne pourrait-on pas chercher à établir une responsabilité limitée comme, par exemple, celle que nous propose Albert Camus au travers du personnage du Docteur Rieux dans *La Peste.* Ne pouvant être un saint et se refusant d'admettre les fléaux, il s'efforce, face à la peste qui décime la ville d'Oran, d'être simplement *un* médecin, c'est-à-dire de bien faire ce qu'il sait le mieux faire. D'ailleurs, comme il l'explique : « Ceux qui se dévouèrent aux formations sanitaires n'eurent pas si grand mérite à le faire, car ils savaient que c'était la seule chose à faire et c'est ne pas s'y décider qui alors eût été incroyable[41] ». Rieux ne se veut donc pas héroïque, mais simplement honnête. Si, comme tous les soignants, il ne sauve que par sursis, cela ne l'empêche pas, pour autant, de se sentir solidaire de tous les hommes. Dès lors, il s'agit non pas d'en appeler au renoncement, mais simplement à la modestie. De ce point de vue, si le soin relève bien, comme l'affirme Levinas, d'une forme d'obligation à l'action, celle-ci doit, au risque d'être inaccessible, rester à hauteur d'homme.

41 Albert Camus, *La Peste* (1947), Paris, Gallimard / Folio, 1972, p. 125.

On pourrait penser que si l'homme n'est pas un loup pour l'homme, ce n'est pas par simple altruisme, mais plus simplement parce que l'individu recule à attenter à sa propre image dans l'autre. Il s'agit ici de rappeler la phrase de l'ancien esclave devenu célèbre auteur de théâtre à Rome, Térence : « Je suis homme, et rien de ce qui est humain ne m'est étranger ». La fragilité, les faiblesses, la souffrance d'autrui c'est bien au fond aussi la mienne. Ne peut-on pas penser qu'il reste, malgré tout, entre autrui et moi quelque chose qui demeure, qui nous réunit ? Que pourrait être alors cette chose en commun, ce poids qui nous pèse, sinon la souffrance de cette terrible solitude ? C'est cette vulnérabilité commune qui nous ferait nous ressembler … et nous rassembler. Ce qui nous rapprocherait et rendrait alors possible une véritable fraternité ce serait le résultat paradoxal de notre incompréhension mutuelle *et* de notre souffrance commune. Nous revenons ici à la « solidarité des ébranlés » chère à Jan Patočka[42].

Le soin ne représenterait-il pas la dernière, l'ultime tentative qui permettrait de jeter un pont entre moi et autrui, afin de vaincre cet isolement, de réduire cet abîme[43] et tenter vainement de me rapprocher de celui qui me restera à jamais étranger.

Philippe Svandra
Université Paris-Est
Marne-la-Vallée[44]

42 Rappelons pour mémoire que Jan Patočka, philosophe tchécoslovaque, porte-parole du Groupe des droits de l'homme et du citoyen pour la Charte 77, ami de Vaclav Havel, est mort à Prague d'une crise cardiaque le 13 mars 1977 à l'âge de 70 ans à la suite d'un interrogatoire policier qui avait duré plus de onze heures.

43 Si tant est que l'on puisse réduire un abîme ! Du moins si l'on se rapporte à l'étymologie grecque de ce mot (*abissos*) signifiant sans fond.

44 Philippe Svandra, est aussi cadre supérieur de santé et formateur consultant au pôle formation du centre hospitalier Sainte-Anne à Paris.

LA PENSÉE D'EMMANUEL LEVINAS AU SECOURS DU SOIGNANT, MAIS PEUT-ÊTRE PAS DU MANAGER

La pensée d'Emmanuel Levinas est fréquemment convoquée lors de nos discussions éthiques à l'hôpital, brandie parfois comme l'arme imparable ; que pourrait-on opposer par exemple à l'idée de « responsabilité » ? Tous nos actes n'engagent-ils pas notre responsabilité, et de manière évidente, voire tragique, quand il s'agit de soins à la personne ? D'évidences en évidences, la pensée se simplifie, se réduit à des concepts faciles à mobiliser en toute circonstance, telle la responsabilité ou la présence du visage. Ne risque-t-on pas ainsi d'appauvrir la pensée de Levinas, de la résumer à des déclarations bien-pensantes, voire de l'aménager à des fins managériales ?

Il est toujours ambitieux, voire irréaliste, pour un soignant, de prétendre dominer une telle œuvre, aussi prolixe, et il en va ainsi pour nombre de penseurs. Ce d'autant que le contenu de l'œuvre n'a cessé d'évoluer durant la vie de l'auteur. Aussi, cet exposé se veut la simple synthèse d'un travail de professionnel qui a puisé dans la pensée de Levinas ce qui pouvait irriguer sa pratique. Cette œuvre est si riche que chaque soignant, chaque lecteur l'explorent à sa façon ; luxe du non philosophe de pouvoir picorer le corpus philosophique... Soignant cleptomane, mais avec le souci de faire mieux.

Ainsi, trois points seulement seront développés plus avant : la souffrance suivant la description qu'en donne l'auteur et vue comme un révélateur de la notion de responsabilité, puis l'expérience de la mort qui est presque quotidienne dans certains services – ces deux premières parties ont été choisies afin d'illustrer comment un soignant peut donner au thème de la responsabilité, clef de voûte de cette pensée, un sens plus concret que celui utilisé habituellement. Le troisième point abordé est celui du tiers, le trouble-fête qui interrompt la relation duale d'où naît cette assignation à la responsabilité. Ce tiers inévitable, incontournable dont la présence nous rappelle à nos obligations liées à la multitude. En effet, il y a plus de malades que de soignants et la continuité des soins, le nombre de personnes dépendantes nous impose de hiérarchiser nos tâches. Se transmettre des consignes, des relèves est une nécessité pour soigner tout le monde avec une volonté d'équité. Le tiers est incontournable. De plus, le tiers est aussi celui qui nous demande des comptes, car les soins ont un coût. L'administrateur, l'organisme payeur, l'état ont droit de regard et prennent leur place dans cette relation. L'éthique de Levinas prend ainsi une importance politique, car si l'on reconnaît que certaines situations nous « obligent », notamment celle de la souffrance, nous ne pouvons que répondre de manière adaptée à ces cas singuliers et, ainsi, modifier l'allocation du temps destiné aux personnes concernées ; l'implication pour ces patients est différente de celle réservée au soin courant où tout est plus codifié.

LA SOUFFRANCE DE L'AUTRE

Levinas distingue dans *Le Temps et l'autre*[1], la souffrance de la douleur. En tant que privation de plaisir, cette dernière laisse au sujet la possibilité de se projeter dans un avenir, qu'il soit meilleur ou pire. Elle peut même revêtir du sens, nous faire supporter l'épreuve, quand on sait qu'une accalmie va lui succéder et procurer un certain plaisir par le soulagement et la maîtrise ; sorte de libération temporaire. Devenue chronique, le malade peut encore lui tendre des pièges, l'apprivoiser, l'attendre comme pour un rendez-vous, certes désagréable, mais familier. En revanche, le souffrant perd toute liberté et devient assujetti. Comment agir quand la projection dans l'avenir et la référence à un passé deviennent impossibles ? Le sujet est enchainé au présent à « l'absolu présent », un présent envahi par la souffrance. Même la possibilité du néant disparaît. Ainsi, la souffrance ampute le soi d'une partie de lui-même pour le réduire au moi souffrant et privé de toute possibilité d'agir sur lui-même. La souffrance condamne les portes de tous les refuges. Elle est associée à l'image en creux de la mort, seule sortie possible.

1 Emmanuel Levinas, *Le Temps et l'autre*, PUF, 2011, p. 55.

Cette perte de liberté renvoie à la condition d'être jeté développé par M. Heidegger. Mais E. Levinas change de perspective, donne un sens personnel aux termes Être et Étant en leur substituant les mots Exister et Existant[2]. Exister n'est pas le trait de l'existant qui agit, communique et se caractérise par ses manières d'être en relation. La condition d'existant ne permet pas de dissocier l'Être de l'Étant. En revanche, l'Être souffrant fait l'expérience de l'isolement. Il n'apparaît plus ni par ses actions, ni par ses différences. Il existe comme entité propre, éloigné de toute vie mondaine de l'Existant. Il se situe avant toute chose. Il illustre le sens à donner au verbe exister. La souffrance impose au sujet d'expérimenter la condition du Soi réduit au Il y a, autrement dit après disparition de toutes les formes d'existants ; forme de l'Être pur. La souffrance réunit les conditions expérimentales d'un monde dépouillé de toutes les formes mondaines d'exister. L'exemple de l'insomnie[3] illustre parfaitement cette confrontation avec un présent sans lien avec un quelconque passé, un présent qui nous renvoie à cet « il y a » sans recours. Cette situation, chacun de nous l'a vécue, et chacun s'est réjoui d'en réchapper.

Comment le soignant confronté à la souffrance de l'Autre peut-il avoir une réponse adaptée ? Trop rapide, elle peut conduire malheureusement au contre sens. Je pense surtout à la compassion. Il est fréquent dans le milieu soignant, d'assimiler la « souffrance pour autrui ou souffrance éthique » à la compassion. Le souffrir pour autrui employé par E. Levinas[4], revêt en effet un sens différent du souffrir avec qui définit habituellement la compassion. Souffrir pour autrui traduit la sortie de soi qui s'opère en réponse à la souffrance de l'autre. Cette dernière s'offre à moi comme un vide qui m'aspire ; représentation d'une chose qu'aucun Étant ne soupçonne. Abandonner notre condition d'Étant oblige à véritablement sortir de nous, et explorer cette partie du soi, le il y a, inexplorable par l'Étant ou l'Existant. C'est la seule manière d'être « pour » autrui, partager sa condition d'Être, sinon de maintenir la distance avec lui. Si la souffrance de l'autre nous oblige, et de manière violente quand elle se conclut par la mort, celui ou celle qui se retrouve convoqué par cet Autre souffrant ne peut exister que pour l'Autre, mais pas avec lui. Tout ce que je suis à cet instant n'est mobilisé que pour

2 Emmanuel Levinas, *De l'existence à l'existant*, Paris, Vrin, 2013, p. 26.

3 *Ibid.*, p. 95-98.

4 Emmanuel Levinas, *Autrement qu'être*, Paris, Le livre de poche, 1991, p. 86.

lui, condition de cette sortie de soi. Si le avec avait un sens, c'est à la condition de cette sortie de soi où l'Étant abandonne sa vie mondaine. Très différente est la posture du soignant animé par la compassion. Être compassionnel impose de ne plus être sur le même pied d'égalité que le sujet souffrant, alors que la sortie de soi aboutit à ce partage. La position, malgré la mise en scène, demeure celle de l'observateur. La compassion donne ainsi, en apparence du moins, du sens à l'absurdité de la souffrance ; c'est bien la critique qu'en fait Nietzsche : une recherche de rédemption et donc le fruit d'un calcul[5]. Au contraire, l'expérience du souffrir pour autrui ne relève pas de l'acte généreux, ni de la pitié ou de la compassion, ni d'une intention. Elle s'impose au soignant, c'est la souffrance de l'Autre qui la déclenche.

Grace à l'introduction de la notion de souffrance éthique ou souffrance pour autrui, celle de responsabilité s'éclaircit pour le soignant. La responsabilité qui est la mienne n'obéit pas à un impératif moral, mais est consubstantielle de cette sortie de moi provoquée par la souffrance de l'autre, cette souffrance inutile. Le malade souffrant n'implore pas, il ne réclame pas cette sortie. Il n'a pas l'attitude du mendiant. Il ne tente pas de susciter la pitié. Il ne fait pas appel, il est là, seul avec sa souffrance. Dans l'exercice professionnel, l'on observe souvent la prostration, mais pas l'imploration. Le malade qui souffre ne nous implore pas de prendre en compte sa souffrance. La distinction qu'opère Levinas entre douleur et souffrance, devient concrète. Le patient douloureux peut décrire sa douleur, la quantifier à un instant donné, mais celui qui souffre n'est que souffrance. Si je rejoins l'autre au plus près, c'est malgré moi. Le propos de Levinas est prédictif, il nous prévient, nous met en garde. Le soignant est averti de cette possibilité d'une irrésistible sortie de soi. Avertissement grave, car il s'agit d'une épreuve à laquelle rien ne nous prépare. Une épreuve dévastatrice, parfois. Elle ne nous est pas enseignée. Elle est irrésistible dans certains cas, mais l'on peut passer totalement à côté dans d'autres. Le malade souffrant ne fait pas de bruit.

En somme, l'Être souffrant ne communique plus avec nous, il n'est plus Existant. Ce n'est qu'en « sortant de nous », malgré nous, que nous pouvons le rejoindre, être là pour lui, rien que pour lui, ne serait-ce que durant les quelques heures d'un emploi du temps. Cette facette du travail de soignant, nous l'appréhendons très tard dans notre carrière et

5 Friedrich Nietzsche, *La Généalogie de la morale*, folio essais, Gallimard, 1971, p. 55.

pouvons très bien passer notre chemin, en ne prodiguant que des soins standardisés ou maquillés par un activisme qui a plus de sens pour celui qui agit que pour celui qui souffre. Cet activisme est d'ailleurs officiellement valorisé.

L'expérience de l'Être est née de la confrontation à la souffrance de l'Autre et me permet d'appréhender, même fugitivement, tout ce qui me sépare de l'Être que je suis mais que je n'ai jamais encore expérimenté. À partir de cette expérience de l'Autre, il devient possible de sortir de moi pour côtoyer mon Être. Le soignant peut pour cette raison concevoir une dette envers le malade. Celle de devoir cette aventure à l'Autre. D'ailleurs, que serait un soignant sans cet Autre qui s'offre à lui, qui s'en remet à lui, même en dehors de la souffrance telle que nous l'avons décrite, au décours d'une simple consultation ou d'un soin ?

LA MORT DE L'AUTRE

La seule expérience de la mort est l'expérience de la mort de l'Autre. Situation sans cesse répétée qui s'impose aux soignants. Même si ces visages qui m'ont fait prendre conscience de ma responsabilité se sont éteints, les morts nous regardent toujours, car la mort ne signifie pas effacement de ce qu'ils ont été, n'efface pas la trace qu'ils laissent dans ma ligne de vie. Au contraire, la mort de l'autre m'oblige, car je mesure la part qu'elle prend dans mon individuation. Je prends conscience à nouveau et possiblement de façon plus évidente, de la dette qui est la mienne et ressens la culpabilité du survivant : « Elle est (mon affection), dans ma relation, ma déférence à quelqu'un qui ne répond plus, déjà une culpabilité – une culpabilité de survivant[6] ». Cette responsabilité est ainsi engagée de façon infinie et pour un temps indéfini. Les soignants ressentent concrètement que la mort du malade n'efface pas la responsabilité née du contact avec la personne encore souffrante. Cette persistance se révèle notamment lors des soins prodigués après la mort. Ils deviennent les garants de la dignité de l'Être qui vient de mourir, concrétisent cette sortie de soi et donne au temps une dimension

6 Emmanuel Levinas, *La Mort et le temps*, Paris, Le livre de poche, 1991, p. 15.

infinie puisqu'à travers les soins au défunt, c'est à ma propre mort que je suis confronté. La fin de la vie de l'Autre nous donne à penser l'infini durant cette période unique des soins post mortem. Ce que la vie courante (mondaine) ne nous permet pas de concevoir, l'expérience de la mort d'autrui l'éclaire. La responsabilité du soignant ne s'éteint pas avec la mort. Le visage du mort amplifie celle-ci. Si cette thèse du visage, levinassienne par excellence, est reprise largement, et s'applique à toutes les situations où nous sommes confrontés au visage de l'Autre, la responsabilité envers l'autre parce qu'il est mortel prend alors une dimension très concrète. Tous les soignants se souviennent de « leur premier mort », le silence qui envahit la chambre où l'on reste interdit devant ce corps qui ne bouge plus, mais qui était porteur de signes du vivant quelques heures auparavant.

La question qui surgit inévitablement quand on mobilise ces notions de responsabilité infinie mais non réciproque est la suivante : comment peut-on être soignant et persister dans sa fonction tout en supportant une telle charge ?

LE TIERS

En effet, si Levinas révèle avec beaucoup de justesse cette sortie de soi et cet abîme, il ne trace pas le chemin inverse. Comment redevenir un Existant après une telle épreuve ? À moins qu'il ne donne une piste quand il aborde la présence du tiers. « Le langage, comme présence du visage, n'invite pas à la complicité avec l'être préféré, au "je-tu"se suffisant et oublieux de l'univers ; il se refuse dans sa franchise à la clandestinité de l'amour où il perd sa franchise et son sens et se mue en roucoulement. Le tiers me regarde dans les yeux d'autrui – le langage est justice[7] ».

Cette présence du tiers, nous l'avons décrite comme incontournable. Le tiers, ce peut être le collègue de travail avec lequel nous devons partager les éléments concrets qui rendent le soin possible, mais c'est aussi la société qui nous observe, qui nous demande des comptes. Cette intrusion apaise une situation qui peut littéralement envahir le soignant.

---

7 Emmanuel Levinas, *Totalité et infini*, Paris, Le livre de poche, 1990, p. 234.

Elle limite l'infini qui s'ouvre dans la relation éthique à autrui. Elle décharge, relativise et détend cette relation de responsabilité, insoutenable sur le long terme ; le soin courant (qui reste à préciser, mais ce serait nous éloigner de notre propos) ne peut se concevoir à la seule lumière de cette responsabilité exclusive. De la présence du tiers, une relation se fait jour entre autrui et le tiers et me revoici dans mon rôle d'Existant qui pense, juge, compare, explore, évalue, fait des choix alors que dans la relation précédemment décrite, je me trouvais confronté à son Être. Le rapport exclusif que je vivais avec autrui peut dès lors s'apaiser. E. Levinas évoque pour illustrer le tiers, les institutions, notamment la justice. Et force est d'admettre que la justice, celle de répartition, s'applique au soin qui ne peut se focaliser sur ce seul Autre et doit se répartir et se partager, sinon de limiter ma disponibilité à un seul malade. Outre le fait que cette exclusivité dans la relation peut devenir envahissante et déstabilisante, il est inenvisageable de concevoir le soin avec le seul prisme de la responsabilité, sinon de ne pas apporter à la majorité numérique des patients les soins habituels, plus techniques dirons-nous. Toutefois, lorsque la situation singulière d'un malade nous oblige à une entière disponibilité, comment faire ? C'est alors au groupe, à condition que cette dimension éthique soit suffisamment partagée, de mettre en œuvre les moyens de cette disponibilité pour l'un de ses membres. Cette philosophie, pour être mise en œuvre, met ainsi à l'épreuve le groupe et sa capacité à partager les mêmes valeurs dans le travail. En effet, si nous retenons que la pensée d'E. Levinas nous donne les moyens d'une éthique du soin, les conditions de prise en charge de ces situations ultimes, celles de l'Être souffrant, doivent être identifiées et reconnues par le groupe comme prioritaires. Identification, reconnaissance renvoient à la notion de partage et de communication qui nous posent beaucoup de difficultés dans les unités de soins. Les conditions de réalisation du soin courant et standardisé, celui qui s'inscrit dans une production (comme on aime à le répéter), devrait pouvoir se conformer aux conditions imposées par la prise en charge de la souffrance quand celle-ci se présente. C'est le sens politique du « souffrir pour autrui ». Les mots employés par Levinas résonnent et sa pensée permet un développement éthique, c'est à dire qu'elle intervient concrètement dans nos choix. Les organisations actuelles du travail dans les unités de soins sont peu favorables à prioriser telle ou telle situation. Ce serait une remise en cause de l'orientation managériale qui tend à standardiser des séquences de soins et non à donner la priorité, quand celle-ci est identifiée par le groupe, à des situations singulières. Les groupes professionnels ont toujours la possibilité de s'abîmer dans le gouffre des plannings et autres tâches administratives toutes aussi creuses et inutiles que clivantes, aux dépens de la diversité des situations et de ce qu'elles réclament. Dans ce décor uniforme, le thème de la responsabilité peut être vidé de son sens, si on ne distingue pas les situations singulières des autres. Au motif de la responsabilité et de l'éthique du soignant, ainsi que d'une charge en soin égalitairement répartie entre tous les malades, on imagine bien que le soignant ne puisse plus se mobiliser pour autrui, selon le sens donné par E. Levinas. C'est pourquoi, j'ai fait la distinction entre la souffrance pour autrui et la compassion, car cette dernière, utilisée largement dans notre sphère professionnelle, peut devenir un moyen de pouvoir, par la contrainte morale qu'elle exerce. La responsabilité n'est pas l'équivalent d'une injonction morale. Si elle naît de la présence du visage et qu'elle s'impose quand la souffrance d'autrui est présente, elle ne peut être invoquée pour tous les soins. En revanche, les conditions d'exercice doivent être adaptables pour l'éprouver sans retenue. Nous avons tous vécu cette « sortie de soi », à condition d'avoir pu se détacher des tâches quotidiennes et répétitives, ainsi que de la technicité de nos actes. E. Levinas nous donne les clefs pour en faire une éthique du soin. Rien de moins. Mais l'on peut concevoir qu'une interprétation superficielle puisse parvenir à culpabiliser des soignants qui n'ont plus la possibilité de choisir leurs priorités de professionnels au sein de la liste des choses à faire. Ainsi, de les contraindre moralement à toujours faire plus malgré tout, au risque de l'épuisement professionnel.

Je dirai, pour conclure, que la pensée de Levinas permet au professionnel de santé de mesurer la différence qui sépare l'Étant de l'Être. Plus simplement, on peut exercer le métier de soignant comme un Étant, celui qui agit sur l'Autre et limite son travail à cette dimension, sans en appréhender l'essence. Comment est-ce possible ? Peut-être en évitant certaines situations, comme la souffrance inutile qui s'inscrit sur le visage du malade et qui renvoie à notre propre condition d'Être. En agissant sur le corps malade, même si les actes sont inutiles. La difficulté est alors de demeurer soignant, car nous sommes à court de solutions à proposer quand la souffrance s'est installée et il faut bien se résoudre à admettre que l'on peut soigner sans agir sur le corps. Le rapport à l'Autre souffrant révèle alors, de manière évidente, la notion de responsabilité. Le soignant devient « l'obligé » du malade, car il ne peut vivre cette expérience sans lui.

Mais obligation n'est pas contrainte. Tout d'abord, l'expérience révèle que l'on peut esquiver cette confrontation, consciemment ou pas. Ensuite, parce que cette dette révèle la dimension éthique de la relation entre tous les hommes. La relation née de cette responsabilité est à l'opposé d'une relation contrainte. Nous le vérifions chaque fois que l'on prodigue des soins au corps défunt, prolongement au-delà de la mort de cette trace laissée à jamais et que nous laisserons à notre tour. Ces soins s'imposent, mais ne se font pas sous le joug d'une contrainte morale. Je n'ai jamais rencontré un soignant rechigner à faire une toilette mortuaire, quelle que soit l'heure de la nuit ou la fatigue accumulée. Cette tâche est toujours prioritaire et les collègues qui n'ont pas en charge le défunt prennent « naturellement » en charge les autres personnes, durant le temps nécessaire. La distribution des tâches se déroule sans encombre, sans calcul. Il n'est plus question de charge en soins, de ratio personnel-soignant. Le mort, en tant qu'expression radicale de la vulnérabilité, est toujours une personne dont la souffrance s'exprime encore.

Pourtant, il est des interprétations qui détournent la notion de responsabilité de sa dimension éthique, en la plaçant au rang d'un impératif. L'injonction ne vient pas de la confrontation au corps souffrant, mais d'une prescription extérieure. Et l'on comprend bien comment, au motif d'une responsabilité décrétée et calibrée, le soignant devient otage d'un ordre qui peut s'éloigner des valeurs du soin.

Enfin, la philosophie de Levinas n'est pas réductible à la responsabilité, ce serait se priver de clefs d'interprétation toutes aussi utiles pour les soignants et que nous n'abordons pas dans ce texte. Par exemple, le prolongement et la critique de la notion heideggérienne du temps sont tout aussi fondamentaux et peuvent faire l'objet d'un autre développement, notamment dans le champ des soins palliatifs. De même, la remise en cause radicale de la philosophie occidentale qui fait l'apologie de l'Être pensant et expliquant, du décideur moderne. Dans l'enceinte hospitalière où l'on explique plus que l'on ne ressent, où le temps est plus synonyme de médiane de survie ou de durée de séjour que de moments de création partagée avec le malade, les tentatives qui privilégient la compréhension à l'explication scientifique sont timidement reconnues. Si le monde soignant a le loisir et la liberté de s'approprier la pensée d'E. Levinas, il devra justifier auprès de ceux qui évaluent et quantifient, que la dimension éthique du soin n'est pas subalterne. Il est vital pour nos métiers de s'approprier cette pensée, comme tant d'autres, pour enrichir la réflexion dans les lieux de soins, lui donner une place prépondérante et la faire vivre, la rendre concrète pour le malade. Si l'on s'en tient aux lieux communs, le concept de responsabilité devient vite un moyen de culpabiliser les soignants quand ils remettent en cause les priorités qu'on leur impose, alors que les tensions qui se présentent à eux sont d'abord d'ordre éthique. Promouvoir l'idée que l'éthique peut présider aux décisions d'organisation des soins, voici l'enjeu d'une telle pensée pour un soignant.

Serge Duperret
Hôpital de La Croix-Rousse
(Lyon)[8]

8 Serge Duperret est praticien hospitalier à l'hôpital de La Croix-Rousse.

RÉSUMÉS/*ABSTRACTS*

Lazare BENAROYO, « Pertinence et limites de la pensée d'Emmanuel Levinas en éthique médicale »

Depuis les années 1970, l'éthique biomédicale est conçue comme l'application d'une théorie éthique à la pratique médicale. Plusieurs auteurs ont discuté cette approche, et considéré qu'il est primordial de s'intéresser aux obligations morales qui émanent de l'exercice de la médecine. Cette contribution puise aux sources de la conception de la responsabilité de Levinas, ainsi que des limites qui en définissent les contours, afin de mettre en lumière une dimension fondamentale de l'éthique du soin.

Mots clés : éthique du soin, responsabilité éthique, Emmanuel Levinas, confiance, disponibilité

Since the 1970's, the basic account of biomedical ethics has been an attempt to pull a general theory of ethics off the shell and apply it to clinical medicine. Many authors proposed to start by looking what moral obligations flow from an understanding of medical praxis. I propose to explore this issue in the light of Levinas' understanding of responsibility. By drawing on this aspect of his thought, also on its limits, I intend to approximate the ethical core of an ethics of clinical care.

Keywords : ethics of clinical care, ethical responsibility, Emmanuel Levinas, trust, welcoming

Jean-Philippe PIERRON, « La vocation médicale de l'homme. Levinas, l'éthique et la philosophie du soin »

Invoquée, plutôt que convoquée dans le monde de la santé, l'éthique de Levinas ne l'est-elle pas sur le mode du malentendu ? Elle n'est pas une éthique appliquée. Philosophie première, elle est refus an-archiste d'être prisonnière des contextes. Déroute de ce que nous entendons ordinairement par éthique, la proposition levinasienne met au jour une hospitalité inconditionnée. L'enjeu : traduire la folie de son appel dans des formes instituées du soin nécessaires mais pas absolues.

Mots clés : éthique, Emmanuel Levinas, éthique appliquée, institution hospitalière, vocation

Invoked rather than summoned into the world of health, is not Levinas' ethic on the mode of misunderstanding ? It is not an applied ethics. Philosophy first, she is anarchist refusal to be a prisoner of the contexts. Routine of what we ordinarily mean by ethics, the Levinasian proposal brings to light an unconditioned hospitality. The stake : to translate the madness of its call into established forms of care that are necessary but not absolute.

Keywords : ethics, Emmanuel Levinas, applied ethics, hospital institution, vocation

Agata ZIELINSKI, « La relation de soin avec une personne non-communicante. L'ultime du visage ? »

La relation avec des personnes non communicantes est une modalité des « situations extrêmes » du soin, interrogeant les définitions de l'humain. L'ultime du visage désigne cette altérité inquiétante et étrange. Comment résister à la tentation d'exclure de l'humanité celui en qui ne se manifestent plus les attestations habituelles du semblable ? C'est à ce point qu'une lecture de Levinas peut nous aider à penser une relation dans l'absence de réciprocité et l'incertitude de la ressemblance.

Mots clés : situation extrêmes, relation, soin, éthique, Emmanuel Levinas, visage

The relationship with non-communicating people is a modality of care "extreme situations", questioning the definitions of the human being. The ultimate of the face designates this disturbing and uncanny otherness. How can one resist the temptation to exclude from humanity one in whom the usual attestations of the like no longer exist ? It is at this point that a reading of Levinas can help us to think a relationship in the absence of reciprocity and the uncertainty of resemblance.

Keywords : extreme situations, relationship, care, ethics, Emmanuel Levinas, face

Pierre-Yves MEYER, « Liberté et passivité chez Emmanuel Levinas et Simone Weil. Peut-on être un soignant levinassien ? »

La philosophie de Levinas permet de représenter les rapports de soin en termes d'hétéronomie. En particulier, la responsabilité du soignant est pensée comme une passivité face à la souffrance du patient. Bien que Levinas ne cherche pas à décrire la mise en œuvre d'une telle approche, on peut en trouver les fondements dans le concept d'attention chez Simone Weil. Cet article discute la pertinence de cette « éthique de la passivité », commune à Levinas et à Weil, dans le contexte des soins.

Mots-clés : Emmanuel Levinas, Weil, passivité, attention, soins

Levinas' philosophy allows to represent the care relationship in terms of heteronomy. In particular, the responsibility of the caregiver is conceived as a passivity in the face of the patient's suffering. Although Levinas doesn't seek to show how to implement this approach, we can find the foundations of this implementation in Simone Weil's concept of attention. This paper discusses the relevance of this "ethics of passivity", defended by both Levinas and Weil, in the context of care.

Keywords : Emmanuel Levinas, Weil, passivity, attention, care

Matthieu DUBOST, « Phénoménologie de la souffrance. D'une vulnérabilité à l'Autre »

Pour Levinas, la souffrance de l'autre vaut « réduction ». Cependant, si je ne puis totalement comprendre sa souffrance d'autrui de mon point de vue, j'ai besoin de partir de la mienne pour l'apprécier comme autre et y trouver sens. En cela, elle révèle une vulnérabilité en partie partagée. Les implications en termes d'éthique de soin sont alors nombreuses et originales.

Mots clés : souffrance, douleur, altérité, phénoménologie, réduction

For Levinas, the suffering of the other is worth "reduction". However, if I cannot fully understand his suffering from my point of view, I need to start from mine to appreciate and find meaning in it. In this, it reveals a partly shared vulnerability. The implications in terms of ethics of care are then numerous and original.

Keywords : suffering, pain, otherness, phenomenology, reduction

Bernard N. SCHUMACHER, « La mort comme limite et expérience de la passivité du sujet. Enjeux autour de la liberté »

Prenant distance des propositions qui veulent contrôler la mort afin de ne pas être déstabiliser, Levinas soutient que la mort met à jour la dimension profondément vulnérable de l'être humain. La mort annonce un profond renversement anthropologique, celui de l'activité du sujet dans sa passivité même, et du contrôle du sujet dans sa réceptivité même et d'ouverture à l'altérité. La mort révèle finalement une compréhension de la liberté humaine caractérisée par une disponibilité et un don.

Mots clés : mort, mystère-problème, contrôle, autonomie-liberté, passivité

Distancing himself from proposals to control death so as not to be destabilized, Levinas emphasizes that death brings to light the deeply vulnerable dimension of the human being. Death heralds a profound anthropological reversal, that of the subject's activity in his own passivity and of the subject's control in his own receptivity and openness to otherness. Death finally reveals an understanding of human freedom that is characterized by availability and gift.

Keywords : death, mystery-problem, control, autonomy-freedom, passivity

Michel Dupuis, « Le soin, la caresse, la profanation »

Y aurait-il un « malentendu éthique » à la base du recours à l'éthique de Levinas pour instaurer une philosophie radicale du soin ? Une éthique hyperbolique peut-elle venir en aide dans un champ qui met en jeu une telle subtilité et une telle singularité des acteurs et des situations ? Quelques « syntagmes conceptuels » déterminés par Levinas peuvent inspirer les pratiques. Nous en retenons cinq, avant d'évoquer la dialectique de la caresse et de la profanation qui caractérise le soin humain.

Mots-clefs : éthique fondamentale, philosophie du soin, caresse, profanation, dignité

Should it be an "ethical misunderstanding" in the fact of using Levinassian categories in the hope of building a radical philosophy of care ? In a field where subtlety and singularity of actors and situations are so important, is an "hyperbolic ethics" useful ? Some "conceptual syntagms", more than concepts stricto sensu, can inspire good practice. We keep five of such theoretical elements, before to evoke the dialectics "caress/profanation" that specifies human care.

Keywords : fundamental ethics, philosophy of care, caress, profanation, dignity

Philippe Svandra, « Le soin ou l'irréductible inquiétude d'une responsabilité infinie »

Parce qu'il s'est intéressé à la question de la vulnérabilité, Emmanuel Levinas est un philosophe qui « parle » assez naturellement aux soignants. Toutefois, en présentant trop souvent sa pensée comme une forme d'altruisme bienveillant, l'aspect radical, voire subversif, de son éthique est comme gommé. Il semble donc essentiel de rappeler que la responsabilité chez Levinas se vit d'abord comme une déchirure, une violence qui me fait « otage d'autrui ».

Mots clés : éthique, Autrui, responsabilité, vulnérabilité, soin, Emmanuel Levinas

Because he was concerned about vulnerability, Emmanuel Levinas is a philosopher who interests caregivers. However, by too often presenting his thought as a form of benevolent altruism, the radical, even subversive, aspect of his ethics is as if deleted. It therefore seems essential to recall that Levinas' responsibility is first seen as a violence that makes me "hostage of the other".

Key words : ethics, other, responsibility, vulnerability, care, Emmanuel Levinas

Serge DUPERRET, « La pensée d'Emmanuel Levinas au secours du soignant, mais peut-être pas du manager »

Confronté à la souffrance du malade, le soignant partage cette expérience de sortie de soi où l'Existant devient un Être pour l'Autre. Le sens de la responsabilité pour autrui exprime sa force, même et surtout après la mort, précisément parce l'Autre est mortel. Cette relation exigeante ne peut s'appliquer à tous les soins et, d'un mauvais usage de cette pensée, le soignant devient « coupable » de ne pouvoir être disponible pour chaque patient au même titre que pour l'Être souffrant.

Mots clés : souffrance éthique, existant, responsabilité, culpabilité du survivant, organisation des soins

Confronted with the suffering of the patient, the caregiver shares this experience of leaving oneself where the Existing becomes a Being for the Other. The sense of responsibility for others expresses its strength, even and especially after death, precisely because the Other is mortal. This demanding relationship cannot be applied to all care and, from misuse of this thought, the caregiver becomes "guilty" of not being able to be available for each patient in the same way as for the suffering.

Key words : ethical suffering, existent, responsibility, guilt of the survivor, care organisation

« Éthique, politique, religions » est une revue biannuelle, gérée par l'Institut de recherches philosophiques de Lyon (IRPhiL, Université Lyon 3). Elle est centrée sur l'étude philosophique des sociétés contemporaines et de leur généalogie. Elle comprend des cahiers thématiques, des éditions ou traductions de textes de référence, des varias et des recensions d'ouvrages, français ou étrangers. Les articles peuvent être publiés en français ou en anglais. Tous les textes sont soumis à une double expertise en double aveugle, réalisée par les membres des trois comités de la revue, ou, dans certains cas, par des experts extérieurs.

Les propositions d'articles sont à envoyer à

IRPhiL
18, rue Chevreul
69007 Lyon

ou par mail à romain.carnevali@univ-lyon3.fr

La revue *Éthique, politique, religions* est publiée, en version papier et en version électronique, aux éditions Classiques Garnier.

IMPRIM'VERT®

Achevé d'imprimer par Corlet Numéric,
Z.A. Charles Tellier, Condé-en-Normandie (Calvados), en mars 2020
N° d'impression : 165049 - dépôt légal : mars 2020
Imprimé en France

CLASSIQUES GARNIER

Bulletin d'abonnement revue 2020

Éthique, politique, religions

2 numéros par an

M., Mme :

Adresse :

Code postal : Ville :

Pays :

Téléphone : Fax :

Courriel :

Prix TTC abonnement France, frais de port inclus		Prix HT abonnement étranger, frais de port inclus	
Particulier	Institution	Particulier	Institution
51 €	51 €	59 €	59 €

Cet abonnement concerne les parutions papier du 1er janvier 2020 au 31 décembre 2020.

Les numéros parus avant le 1er janvier 2020 sont disponibles à l'unité (hors abonnement) sur notre site web.

Modalités de règlement (en euros) :

- Par carte bancaire sur notre site web : www.classiques-garnier.com
- Par virement bancaire sur le compte :
  Banque : Société Générale – BIC : SOGEFRPP
  IBAN : FR 76 3000 3018 7700 0208 3910 870
  RIB : 30003 01877 00020839108 70
- Par chèque à l'ordre des Classiques Garnier

Classiques Garnier
6, rue de la Sorbonne – 75005 Paris – France
Fax : + 33 1 43 54 00 44
Courriel : revues@classiques-garnier.com

mis à jour le 22/10/2019

Abonnez-vous sur notre site web :
www.classiques-garnier.com